アクティブ・ラーナーを育てる高校

―― アクティブ・ラーニングの実態と最新実践事例 ――

はじめに

　本書は「アクティブ・ラーニング」の本ではありません。

　いいえ、正確に本書の特徴と内容を表現するならば、「本書はアクティブ・ラーニングだけに焦点化した本ではない」ということになるのでしょうか。

　本書は、「アクティブ・ラーニングが何か？」については論じますが、それ以上に、「アクティブ・ラーニングを生み出す学校をどのようにつくっていくか」に焦点をあてた本ということになります。

　別の言葉で言い換えるのならば、本書は「高校生たちを"アクティブ・ラーナー（Active learner）"に育て上げる学校を、いかにつくっていくか」について様々な角度から探究した本ということになります。

　本書で筆者らが企図しているのは、アクティブ・ラーニングを、単なる「教育の手法」「教室における教え方」の問題として捉えることではありません。私たちが願っているのは、むしろ、学校そのものを「アクティブ・ラーニングを生み出す組織」に変化させていくことです。

　書店には、アクティブ・ラーニングの書籍や専門書が所狭しと並んでいますが、こうした観点に立った本はあまり多いわけではありません。本書は「アクティブ・ラーニングの教育論」から一歩進み、「アクティブ・ラーニングの組織論」を論じている本なのです。

　本書は、東京大学　大学総合教育研究センター　中原淳研究室と河合塾グループの日本教育研究イノベーションセンターがともに進めているプロジェクト、「マナビラボ」プロジェクトに端を発します。このプロジェ

クトは、高校のアクティブ・ラーニングを推進するべく、様々な調査や事例収集を行う全国規模のプロジェクトで、これまで 2,400 校を超える日本の高校が、私どもの調査に参画してくださっています（詳細は 2 章をご覧下さい）。

　この場を借りて、調査に御協力頂いた多くの先生方、管理職の先生方に感謝いたしますとともに、この知見を多くの方々にお返しする責任をひしひしと感じております。

　このたび、日本教育研究イノベーションセンターのお取りはからいで、学事出版から本書を発刊する機会を得ました。本書は、私どもの取組の初年の成果の一部をまとめたもので、2017 年 3 月には続く第二弾が北大路書房より出版される予定です。

　ここまで、ともにプロジェクトを推進してきた日本教育研究イノベーションセンターの信實秀則さん、山本康二さん、高井靖雄さん、河合塾の成田秀夫さん、船津昌己さん、伊藤寛之さん、赤塚和繁さん、石鍋京子さん、近藤宏樹さん、片山まゆみさん、ライターの友野伸一郎さん、そして学事出版の二井豪さん、書籍のデザインをご担当くださった三宅由莉さん、素敵なイラストの転載をご許可いただいた加納徳博さんには心より御礼を申し上げます。

　なお、今はプロジェクトから離れていますが、プロジェクトの立ち上げ期に大変お世話になった谷口哲也さん（河合塾　東北本部）にも心より御礼申し上げます。

本書の構成は以下の通りです。

　まず第１章で、筆者が「アクティブ・ラーナーを育てる高校：今、なぜ高校でアクティブ・ラーニングなのか」と題し、総論を述べます。その後、花巻北高校長の下町壽男先生との対談を通し、アクティブ・ラーニングを生み出す学校づくりについて理解を深めます。

　第２章では「高校でのアクティブ・ラーニング推進の実態」と題しまして、私どもが行ってきた全国調査の統計データをご紹介いたします。この数字からは、日本全国においてアクティブ・ラーニングの実践がいかなる現状にあるのかを知ることができます。

　第３章では、「高校の先生たちはどこで悩んでいるのか：どうするアクティブ・ラーニング？　先生のための相談室」ということで、先生が陥りやすい質問や課題について、解説を行います。

　第４章では「学校・自治体での先進事例」と題しまして、管理職あるいは行政として「アクティブ・ラーニング」にどう向き合うかについて、岡山県立林野高校長の三浦隆志先生、和歌山県立桐蔭中学校・高校長　岸田正幸先生、岡山県立和気閑谷高校長　香山真一先生、北海道教育庁日高教育局長　赤間幸人先生、静岡県総合教育センター　総合支援課高校班のみなさまからの小論をお寄せいただきました。

第5章では、私どもの研究スタッフによって、アクティブ・ラーニングを考えるための学術的キーワードを10個解説させていただいております。アクティブ・ラーニングは、ジョン・デューイをはじめとする経験の哲学、プラグマティズムに端を発する学びのあり方です。これらのルーツをたどることは、より骨太の実践をつくりあげるために必要なことのように思います。

　最後になりますが、本書を通して、「アクティブ・ラーニングそのもの」の理解もさることながら、「アクティブ・ラーニングを生み出す学校という組織のあり方」に人々の関心が集まり、着実で、しかし、ゆるぎない未来の学びが日本全国に生まれ得ることを編者として願ってやみません。

2016年10月7日　本郷の研究室にて

編著者　中原 淳

目次

はじめに

1 なぜ、今、高校でアクティブ・ラーニングなのか ……… 9

アクティブ・ラーナーを育てる高校
—なぜ、今、高校でアクティブ・ラーニングなのか— 中原 淳　10

【対談】 授業改革は学校改革に通ず　下町 壽男 × 中原 淳　20

2 高校でのアクティブ・ラーニング推進の実態 ……… 33

【管理・運営の面から】

1. 学校教育目標に多いのは「人間性」「豊かな心」「思いやり」「感謝」… 35
2. 教育課程作成の中心は教務主任 ……… 37
　①原案作成に携わるのは教務主任が圧倒的に多い　37
　②教育課程編成に携わるのは教頭・教務主任が中心　38
　③教育課程の評価・改善の機会は年に2、3回以上　39
　④教科横断的な学びはこれから　40
3. 校内研修の回数と内容 ……… 41
　①校内研修は年3回　41
　②校内研修の内容　42

【参加型授業の実施・取組状況】

1. 参加型授業への取組状況 ……… 44
　①既に取り組んでいる学校は5割以上　44
　②国語・外国語での実施率が高い　45
　③参加型授業実施校の特徴は？　46
2. 都道府県毎の実施状況 ……… 49
　①参加型授業に関する校内研修実施率は群馬県がトップ　49
　②都道府県での違いはあるか？　50

- 3．カリキュラム・マネジメントができている学校は参加型授業の実施率が高い ……… 51
  - ①カリキュラム・マネジメントはできているか？ 51
- 4．参加型授業の効果は？ ……… 52
  - ①代表者の考えている効果ベスト5 52
  - ②効果を感じている学校の特徴 54
- 5．参加型授業に関する悩みは負担増！ ……… 56
  - ①代表者の悩みベスト5 56
  - ②悩みを軽減するカギはカリキュラム・マネジメント 57

3　高校の先生たちは、どこで悩んでいるのか
どうする？アクティブ・ラーニング！：先生のための相談室 ……… 61

- **Q**「アクティブ・ラーニング」という言葉だけはよく聞くのですが、そもそもアクティブ・ラーニングの定義がよくわかりません。 62
- **Q** なぜ今、「アクティブ・ラーニング」という言葉が盛んに使われるようになったのですか？ 64
- **Q** アクティブ・ラーニング型授業を導入することによって、授業の進度が遅くならないでしょうか？　教科書を最後までやり終えることができるか、不安です。 66
- **Q** グループワークを取り入れたいのですが、いつもグループ分けで頭を悩ませています。どのようにグループ分けをしたらよいのでしょうか？ 68
- **Q** どうしてもグループでの活動に入っていけない生徒には、どう対応すればよいでしょうか？ 70
- **Q** アクティブ・ラーニングの導入に向けて、校内の教員の足並みがそろいません。生徒が混乱しそうで心配です。 72
- **Q** アクティブ・ラーニング型の授業をしようと思っても、ICTの設備や教具がありません。 74
- **Q** アクティブ・ラーニング型授業にはどんな手法があるのですか？ 76
- **Q** 教員の授業準備の負担が増えそうで心配です。 78
- **Q** アクティブ・ラーニング型授業で、受験学力がつくのか心配です。 80

4　学校・自治体での先進事例 …… 83

学校での先進事例❶ …… 84
管理職として「アクティブ・ラーニング」にどう向き合うか
　三浦　隆志

学校での先進事例❷ …… 94
ＡＬ型の授業やカリキュラムマネジメントを推進する
　岸田　正幸

学校での先進事例❸ …… 104
学校全体でアクティブ・ラーニングを推進するために
　香山　真一

自治体での先進事例❶ …… 116
北海道におけるアクティブ・ラーニング推進の取組
　赤間　幸人

自治体での先進事例❷ …… 128
教育センターを拠点とし、アクティブ・ラーニングを推進する
　静岡県総合教育センター 総合支援課高校班

5　学びを考えるためのキーワード 10 …… 139

- KEYWORD①　アクティブ・ラーニング　　140
- KEYWORD②　21世紀型スキル　　145
- KEYWORD③　高大接続　　148
- KEYWORD④　参加型学習　　151
- KEYWORD⑤　合教科　　154
- KEYWORD⑥　チーム学校　　157
- KEYWORD⑦　カリキュラム・マネジメント　　160
- KEYWORD⑧　経験学習　　163
- KEYWORD⑨　リフレクション　　166
- KEYWORD⑩　パフォーマンス評価　　169

執筆者一覧 …… 172
「マナビラボ」について …… 174

1

なぜ、今、高校でアクティブ・ラーニングなのか

アクティブ・ラーナーを育てる高校
なぜ、今、高校でアクティブ・ラーニングなのか

東京大学准教授
中原 淳

今、企業の世界では

　私は、企業の人材開発の研究に携わる研究者です。企業の中で、どういう人材を採用し、どのように育成していくのかを研究しています。私のような研究をしていると、教育機関のテストではよい成績を残せていても、企業の中では苦しんでいる若手社員のケースにも出会います。さらに、教育機関を出たとしてもフルタイムの職に就けない人も３割程度もいらっしゃいます。企業では、仕事の中で必要になる能力は、日々、高度化してきています。そうした現状をふまえた教育のあり方が、今、求められていると思います。普段は企業の研究をしていますが、一方で、社会貢献として教育改革をお手伝いする仕事もさせていただきたいと近年考えるようになってきました。教育学を専攻する先生方とは異なり、仕事の世界で起こっていることから教育のことを見つめ直したいと思っています。

　具体的には、企業の人材マネジメントの最前線を見てきた経験を活か

して、「高校のアクティブ・ラーニング」を元気にすることを目指す「マナビラボプロジェクト」を立ち上げました。

　将来、仕事の現場で子どもたちが迷走しないように、教育機関では、基礎的概念・知識の蓄積に「加えて」、人とガチでぶつかりながらも課題解決をしていく経験、脳がちぎれるほど考えて物事を生み出す経験を、前もってしてきていただきたい。そうした学びを増やすために「マナビラボプロジェクト」は活動をしています。それを実現する「器」のひとつとして、私は「アクティブ・ラーニング」という言葉に着目しています。

　仕事の中で必要な能力と言われても、多くの先生方はピンとこないかもしれません。それもそのはず。仕事の現場で必要な能力は、実際の業務経験の中で学んでいくことが７－８割くらいです。学校で働かれている先生方には、少し縁遠い話です。しかし、そうした「業務経験の中の学び」を下支えするのは、日々、先生方が提供なさっている「教育機関での学び」なのです。こちらが、仕事で必要になる能力の２割から３割を支えているとお考え下さい。

　先にお話しましたように、仕事の中で必要になる能力は、日々高度化しています。教育機関では、そうした高度な能力獲得を支えるような堅牢な「知識基盤」を、これまでと同様に、まずはつけていただきたい。

　しかし、そのうえで、ぜひお願いしたいことがございます。「知識蓄積」だけでなく「多くの人々と知的に格闘し、コトを為し遂げる経験」をしっかりとしてきてほしい。みんなで議論をする経験、誰かに情報発信をする経験、人を巻き込み何かを成し遂げる経験。そうした「経験ベースの学び」の割合を従来の教育よりは増やしていただければなぁ、とマナビラボプロジェクトでは考えております。

　私のような研究者から見れば、「教育機関における学習」とは、「企業における学習」よりも、不確定要素が低く見えます。企業における学習は、上司に恵まれなかったり、よい仕事が割り振られなかったり、

学習どころじゃない職場に配属されれば、一気に疎外されます。学校も昨今は大変な状況が生まれているのでしょうが、企業ほど環境には左右されません。だからこそ、学校はとても大切なのです。そして、学校でしっかり学ぶことができれば、企業に入ってからのリスクをさまざまに減らすことができるのです。

こうした問題関心から、私が、企業の研究のかたわら、「教育機関と企業をつなぐような研究」を行うようになって5年くらいになります。共著者に恵まれ『活躍する組織人の探究』（共編著、東京大学出版会）、『アクティブトランジション（共編著、三省堂）』という本を出させていただいております。これらは、大学（教育機関）を卒業した学生たちが、どうすれば、企業・組織、仕事の世界に円滑に移行できるのかを研究したものです。これらの本では、アクティブ・ラーニングのような参加型の学習、自分のキャリアについて考える機会、授業外における学習など、「ダイナミックな学び」を、大学時代に積むことが、企業に入ってからの定着や活躍に影響を与えることを論じています。

先の2冊の研究では、大学時代に焦点を当てて、それと企業との架橋を考えてきましたが、ここ1年・2年で、ふつふつと沸いてきた問題関心があります。それは、これまでの研究のスコープを前倒して、「高校での学びをもっと活性化できないか」ということです。企業への架橋、将来、どのような仕事につき、どのように能力発揮をしていくか、という問題からみた場合、大学段階にくわえて、高校段階からできることはないのだろうか、という問題関心が浮かびます。

私は、高校の存在意義が、今、問われているような気がします。小中学校は義務教育です。大学は研究機関であり、最後の教育機関であり、社会のフロントラインになる場所です。しかし、その間にある高校とは、そもそもいかなる場なのでしょう。

極端な話、かつての日本がそうであったように、大学の一部でもいいんじゃないか、という議論だってありえます。高校の存在意義を今一度

見直すとき、そこに期待されていることのひとつは、社会で必要になる「経験」と「知識」をもっと「前倒して」教えることだと思います。高校でそれらを扱っているのなら、さらに大学では高度なことにチャレンジできます。そうやって、仕事で必要になる能力の高度化に対応していく必要があるのではないか、と思います。

こうしたお話をするとすぐに、「では中原は企業に送り出す人材を高校で育てろと言うのか」「そんなことのために高校がある訳じゃない」という批判が出てくると思います。もちろん、それらの批判はよく分かっているつもりです。みんながみんな企業に行くわけではありませんし、さまざまな生き方があるのは事実です。

ただし、日本の産業構造を見た場合、かなりの方々の雇用は、民間企業が占めています。それだけではないことは百も承知ですが、教育は社会に人材を送り出す装置でもあります。そのことの意味をもう一度考えていただきたい、というのが私の持論です。

伝統的な教育学者の中には「企業へのトランジション」や「企業で働く人材を育成するためのカリキュラム」云々という問いの立て方自体が、非常に「不純」だとおっしゃる人もいるでしょう。学校の機能として、全人格的に市民として育成するとか、民主主義の意識を涵養するということがあるのではないかというお考えも分かります。でも、今、一番、現在の教育が注力したいことは何かと問われれば、私は「働き、食べていく智慧や術」を子どもたちに伝えることではないかと思います。なぜなら、高度な知識や専門性が求められる現代社会では、働き、食べていくことが、ただでさえ難しくなってくるからです。

現代社会は常に変化します。ある一時期に、ある特定の時代に流行した知識や技術を獲得しても、それが陳腐化してしまうのは、時間の問題です。私たちの仕事人生はさらに延びています。長い仕事人生をいかに生きるかは、いつまでアクティブ・ラーナーで居続けられるかと深い関連があります。

どんなに入試で成功しても、教育機関での偏差値は企業規模までしか

予測しません。それ以降、どのように生きて、どのような仕事人生をおくれるかは、「いかに学べるか」とセットになるのです。

　解くべき問題は誰も与えてくれません。変化の早い社会では、何が解くべき問題かを見定め、多くの人々と協力し、彼らを巻き込みながら、革新的な知識・技術をつくり上げていくことが、今まで以上に求められます。アクティブ・ラーニングとは「よく働き、よく学び、よく生きるための術」なのです。それは「教育機関の一時期の流行」ではないのです。

　私にとってアクティブ・ラーニングとは、「働き、食べていく智慧や術」を伝えることです。それは他者とガチで討論する経験、人を巻き込み何かを成し遂げる経験、社会で意味があると思われる課題解決をやり切る経験。そうした経験ベースの学習から成立します。ぜひ、そうした時間を、高校や大学から、なるべく「前倒し」て経験しておいてほしい、と思います。

高校をひとりぼっちにしない
──マナビラボの5つの信念

　こんな思いを数年間ふつふつと持っていましたが、数年前、学習指導要領の見直しの話題が生まれ、そこで「アクティブ・ラーニング」という言葉が注目されている、という話をニュースで知りました。私は、まさにこれだと思いました。翌日には、プロジェクトの立ち上げのために奔走しました。それが結実しかけているのが、私たちのやっているマナビラボです。

　マナビラボプロジェクトの活動は大きく2つに分かれます。

　第一に、まずは今の高校の授業の状況をアクティブ・ラーニングという視点から徹底的に「見える化」していく、モニタリング調査をしていくことです。そして、その結果を全部公開することです。そこには、教育関係者の中で対話が生まれるかもしれませんし、葛藤も生まれるかも

しれません。しかし、私たちは、それに取り組むことを決めました。

　人が何かを変えて、何かを生み出していくときに「数字の力」はとても大切です。「たかが数字、されど数字」なのです。これまでの教育改革は、現状の「見える化」を徹底せずに、「居酒屋談義的な印象論」で行われてきた印象があります。こうしたあり方をまずは変える、ということです。

　ただし、一方で、「数字」だけでは物事は動きません。そこで必要なのが第二の活動である「物語と事例」を収集し、公開していくことです。マナビラボでは、アクティブ・ラーニング的な授業に挑戦している先生方に焦点を当て、事例を集め共有しようとしています。

　そうして調査研究をし、事例収集をし、その結果や事例を紹介するサイトを立ち上げ、さまざまな活動をしてきたのが現在ということになります。

　私たちは、マナビラボを立ち上げるうえで、5つの信念を持っています。1つ目の信念は、アクティブ・ラーニングを**「新しいもの」とは「見なさない」**という信念です。

　この間、高校の先生方にもさまざまなヒアリングなどをしてきましたが、強く感じたのはアクティブ・ラーニングという言葉に対する強い拒否感、あるいはやらされ感でした。一方、多くの先生方が思っているのは「確かに新しいけれど、今までだってあったよね」というものです。マナビラボでは、多くの心ある先生方がお取り組みになってきたアクティブ的な授業を再発見し、多くの人々により知っていただくお手伝いをさせていただ

マナビラボのサイト
http://manabilab.jp

こうと思っております。

　２つ目は**「私たちはパブリックを目指す」**というものです。

　昨今、巷では、アクティブ・ラーニングが大きな流行とも言える状況になっているわけですが、それを「商業化」のチャンスとみなす人も少なくありません。海外で仕入れた「洋風の手法」をあたかも新たな手法のように喧伝し、商業化を果たそうという人がいます。あるいは、これまで特定の手法で教育運動を主導してきた教育業界の運動主が、自らの運動に「アクティブ・ラーニング」という新たなコーティングを施して、自分の教育運動を普及させたり、再活性化させたりしようとしているのが見て取れます。アクティブ・ラーニングで「一旗揚げよう」という人もいないわけではありません。

　対して、私たちは、アクティブ・ラーニングの専業の研究者ではありません。マナビラボプロジェクトのメンバーは、人材開発研究をしている人、哲学研究をしている人など、多岐にわたります。それぞれの立場から、新たな学びが高校に必要だと感じ、自らの研究のかたわら、この仕事をしています。私たちは、よりパブリックな立場から、アクティブ・ラーニングを元気にするお手伝いをしたいと思います。

　アクティブ・ラーニングに関しては、すでに定義や内容をめぐってさまざまな「派閥」のようなものができていることにも違和感があります。例えば、アクティブ・ラーニングの日本語訳は「能動的学修」なのか「学習」なのか、こうしたことに論争もありますが、私たちはこうした「意味のない議論」には与しません。

　私たちが関心があるのは、これからの子どもたちに、いかに社会に出てもらい、いかに活躍してもらうか、そのことだけです。それ以外のことは、アクティブ・ラーニング業界の「専門家」や「批評家」の皆様に、お任せいたします。

　３つ目の信念は、これからの学びを考えるときには、教育機関だけを取り出して考えるのではなく、**社会と教育機関とのつながりを考えて取り組むべき**である、というものです。例えば、高校を変えていかなけれ

ばならないというのは、大学入試、その先の大学での教育、さらにその先の社会と、トータルに考えていく必要があります。そして、そこでの移行を円滑に進めていくということを目的にする必要があります。つまり、高校をひとりぼっちにしないということです。高校の先生方も大変でしょうが、社会では同じような思いでがんばっている人もたくさんいるので、一緒にがんばりましょうと言いたいです。マナビラボでは、高校業界、教育業界以外のさまざまな人々からのエールをもらっています。

　4つ目は冒頭でも申し上げた**「見える化」**です。例えば、教育制度の決め方がいわゆる審議会・協議会方式になっていることに代表されるように、教育改革談義・議論というのは、どうしても印象論・理念論で進んでしまっています。私は、今あるものが「見える化」していないのに、それを適切に「変えること」はできないと思うんです。「イメージ」できないものは「マネージ」できません。生産的な議論を起こしていくのは、数字であり事例であり、そうしたことを見える化していくことです。

　最後の5つ目は、このマナビラボを**「コミュニティ・メディア」にする**ということです。私たちは、マナビラボというWebサイトを、新たな教育に関心をもってくださる方々が集う「ゆるやかなコミュニティ」にしたいと考えています。

マナビラボの5つの信念

① 「新しいもの」とは見なさない
② 　パブリックを目指す
③ 　社会との教育機関とのつながりを考えて取り組む
④ 　見える化
⑤ 　コミュニティ・メディアにする

アクティブ・ラーナーを育てる高校づくり：本丸は学校にラーニングフルな環境をつくるということ

　最後に、これからの展開についてです。

　まずは、既に始めていますが、アクティブ・ラーニングの成果・効果といったものを測っていきたいと考えています。今、公表している調査結果はあくまで現在の一時点での高校の姿です。しかも、学校あるいは先生方への調査です。これを生徒たちを対象の調査にして、子どもたちにどういう力がついたのか、どうキャリア観が変わっていっているのかということを定量的に探っていきたいです。

　もう一点は今も行っていますが、アクティブラーナーズサミットです。これは、各県で実践をリードしている人を集めて、最先端の情報を提供したり、無償のワークショップを行ったりしています。

　今後、アクティブ・ラーニングはさまざまな段階に入っていきます。まずは「教科にもとづくアクティブ・ラーニングの探究」がさらに発展していくでしょう。つまり教科の中で、その教科内容にしたがってどのようにアクティブ・ラーニングの授業を発展させていくかを、教科の専門家の先生方がイニシアチブをもって考えていくフェーズに入っていきます。

　次に、同時に「アクティブ・ラーニングの教育論」から「アクティブ・ラーニングの組織論」の議論がはじまっていくでしょう。「アクティブ・ラーニングの教育論」とは、どうやってファシリテーションをすればいいのか、どうやってペアワークさせるのかという教育方法論的な議論です。次に目指すべきは「アクティブ・ラーニングのような新たな授業を、いかに組織として生み出していけるか」ということであり、それが「アクティブ・ラーニングの組織論」です。今後は、学校のマネジメント層が、新しいことをしていくためには、どんな学校をつくればいいのかということを考える段階に入っているのではないでしょうか。

「アクティブ・ラーニングの組織論」は、現在のマナビラボプロジェクトでも、最も重視している点であり、本書を通じてかなり多くのページを割いて探究しているテーマです。私たちの行っている調査項目でも、それらを測定する質問項目などが多くなっています。私たちの知見によりますと（p.48、p.51参照）、アクティブ・ラーニングの実施校は、非実施校と比べて、組織の中で目的が決められ、知識がつくられ共有されていく活動が活発であるという結果も出ています。「学習する組織」、いわば「学習する学校」が、これからの学校の目指すべきところだと思っています。

　アクティブ・ラーニングの組織論の観点からすれば、「アクティブ・ラーニングがうまくいく、いかないも組織次第」とも言えます。個々の先生方のご尽力がこれまで以上に必要なのは、言うまでもないことです。それに加えて、安定的にアクティブ・ラーニングを生み出していくためには、組織的取組が必要になります。生徒や児童に対してアクティブ・ラーニングの機会を提供する学校そのものに、先生方がアクティブに学ぶ機会が準備されていることも、重要な点だと思います。

　これからの学校は、児童や生徒を「アクティブ・ラーナー」に育てる教育をご提供いただけたら嬉しく思います。そのためにも、先生方自身も、これまで以上に「アクティブ・ラーナー」である必要もあるかと思います。

　学校のマネジメントに携わる皆様には、ぜひ、自らもアクティブ・ラーナーでありつづけ、かつ、学校をアクティブ・ラーニングに満ちている場所にしていただけたとしたら嬉しいことです。アクティブ・ラーニングは、「ラーニングフルな組織（Learningfulな組織：学びに満ちた組織）」から生まれるのです。

授業改革は学校改革に通ず

岩手県立花巻北高等学校長
下町 壽男

×

東京大学准教授
中原 淳

上から目線の指導、裏カリキュラム、未履修問題……

中原 下町先生はこれまで岩手県立盛岡第三高校（盛岡三高）で副校長を務め、大野高校（大野高）で校長となり、今年度（2016年度）から花巻北高校（花巻北高）に来られました。管理職になってからは

もちろん、教諭時代からも独自に授業改革に取り組んでおられたと聞きます。今回はそのご経験から、今後、アクティブ・ラーニング（AL）を推進する学校づくりのためのヒントをうかがえればと思います。まずは、2013年に副校長として赴任された盛岡三高でのご経験からお願いします。

下町 盛岡三高には副校長となる前から教諭として勤めていました。当時、他の進学校同様、話題になった未履修問題という、いわゆる裏カリキュラムの問題、一方通行的な授業スタイル、大学進学指導偏重等々の問題を抱えていました。ただ「成果」を上げていたことも事実で、文武両道の名の下、進学実績でも難関大学に合格者を出し、インターハイ選手も輩出していました。しかし実際のところは先生方の個の力量に依存する体制であり、例えば部活に力を入れる派と進学実績を上げようとする派で衝突があったりとか、生徒にとっては、決してのびのびと学ぶ環境ではなかったと思います。

　そうした中で未履修問題が起こり、それがきっかけで学校改革に取り組もうという気運が高まりました。着手したのは、当時、私が他校に移った後に来られた校長先生でした。

　手前味噌になってしまうのですが、実はその改革が始まる前から私自身は授業を中心に何とか学校を変えていきたいと、いろいろと画策はしていました。しかし多くは単独プレーであり、自分の授業を変えることで精一杯で、結局、周りを動かす力にはなりませんでした。今、ALという言葉が踊り出していることに批判もありますが、かつては「私の工夫した授業」で終わっていたものが「私たちが目指す人づくり」へと、ダイナミックな変革を後押しするものとして、私はこのALブームをポジティブに捉えています。

　また盛岡三高の改革が始まったとき、当時はアクティブ・ラーニングという言葉は流通していませんでしたが、言語活動の充実など、授業改善・カリキュラム改善の社会的な追い風はあったと思います。だから個人個人というよりは、学校全体で変えていこうとい

う雰囲気は醸成されやすかったと思います。

中原 当時、本当に大きく取り扱われた未履修問題ですが、学校組織においても危機的状況として捉えられたのでしょうか。

下町 全国的にも話題になり、やはりインパクトはありましたね。

中原 どの辺りから改革は動き出したのでしょうか。

下町 当時の校長先生は、最初、2つのことをやったそうです。ひとつ目は「Dプラン」と銘打ち、総合的な学習の時間を中心にディベートを取り入れること、もう一点は経営企画課という授業改善等を推進する分掌を新たに立ち上げたという点です。

中原 ディベートを重視したというのは、当時、言語活動の充実などが言われていたからでしょうか。

下町 そういう流れもあったと思います。当初、1年生の総合学習では調べ学習やグループワークを元にしたプレゼンテーションが、2年生ではディベートが中心でした。「Dプラン」の由来もディベートやディスカッションなど発信することにあったようです。ここで期待される成果は2つあります。ひとつはこうした総合学習での発信の経験が、教科の授業の中に生きていくという点です。もう一点は、全教員が関わり、学校全体で組織的に取り組むことにより職員間の認識が共有できることです。

　こうして改革が進む中で、次に「参加型授業」を導入しようということになってきたのですが、最初、先生方からは「参加型授業って何？」「グループワークをすればいいの？」という反応が多かったですね。当時は1人、参加型授業のロールモデルとなるような素晴らしい授業を行う先生もいました。しかし、しばしば「あくまでそれはその先生のタレントによるもので、なかなか共有はできないよね」などという周囲の声も聞こえました。また、進学指導に支障が出ると思っていた先生も多かったと思います。

　つまり、あまり参加型授業は快く思っていなかった教員も少なからずいたと思います。そもそも、先生方がそうした授業を自分自身

が受けてきた経験はありませんし、ある意味一方向的な授業の中で勝ち上がってきた方ばかりですから。心の中では「やっぱり授業は講義型でないと」と思っていた方も多かったでしょう。

　私は副校長としてこのような状況に直面する中で、まずは参加型授業を定義し直すところから始めようと考え、「盛岡三高参加型授業の取組」というリーフレットを作成し、全教員に配付しました。そこでは、既にあった参加型授業の「生徒全員が、50分間、主体的・能動的に取り組むような授業」という定義を、さらに分かりやすくするために関連キーワードを載せたり、1年間の具体的な取組のスケジュールやポイントなどをまとめたりしました。

　また私自身も校内の授業を見て回って教職員向けの「参加型授業通信」を作ったり、5分程度の動画にまとめてみたりということをしました。5分動画にすることで、職員会議の後の短い時間でも「ちょっと見てみませんか」という形で即席の授業研修会が開けるんですね。ALはみんなでやるものだと思うんですが、この5分動画や「参加型授業通信」などのコンテンツは、教科の枠を超えて、みんなをつなげていくという効果があったと思います。そして、他教科の授業を見た先生から「もっとこうしたい」という思いを受け取ったり、次の授業を見に来てほしいなど、いろいろなリクエストが出るようになりました。これは盛岡三高だけのことではなく、大野高校、花巻北高校でも同様です。

「学びを語る際はフラット」

中原　ここまでうかがっていると、盛岡三高では未履修問題が発覚し、校長先生を中心に新たな目標を持って改革を進めてこられたとのことです。改革を進める中で、組織的に意識された点はどういうところだったのでしょうか。

下町　職員会議の場で、いきなり管理職から「こういうことをしましょう」とはしませんでしたね。それはやはり、先生方のやる気を削ぐことが多いと思います。ですから、まずは校長と副校長である私とで原案を作り、関係する主任等と調整を諮ってから職員会議に出しました。

　また、異動1年目はあまり動かず、2年目から徐々に動き出しました。1年目は先生方の様子を見ていました。すると、多くの先生は「参加型授業って何？」という疑問を持っておられたし、中には「進学指導に集中したい。参加型授業なんて絶対にノー」と思っている先生がいることも分かりました。そうした様子をしっかり見て、その後の次の一手を考えたということはありました。

中原　他に見えてきた点はどういうところでしたか。

下町　私が来る前から「参加型授業」ということはいわれていたのですが、見ている限りやっているのは数名だけでした。他校からも視察が多かったのですが、参観するのはある特定の先生の授業ばかりでした。また、先に紹介した「Ｄプラン」はそのまま引き継がれていたのですが、それが今ひとつ授業改革に生かせていなかった。

　一方、当時SSHの指定も受けていたのですが、SSHクラスの生徒が非常に伸びていたんです。元々、飛び抜けて成績が高い子が集まっている訳ではないのですが、このクラスではカリキュラムとして、協働型問題解決の授業が多く配置されていて、それが結果につながったと感じました。例えば期末考査の直前でも、自分の課題研究のために大学の先生に話を聞きに行くグループもありました。しかもその成果は勉強だけでなく、体育大会で総合優勝までしてしまうんです(笑)。主体的で深い学びが、他者と協力したり、共感したりする、社会的な知性まで育てているのではないかと感じました。そこで、このSSHクラスの雰囲気を学校全体に共有できないものかとも思いました。

中原　先生のお話をうかがっていると、まさに組織変革論そのものです。まずは未履修問題という危機があります。多くの組織変革のきっかけ

になるのは「組織や事業維持の困難さ」です。それに対しては、経営陣から緩やかな形で「変革のビジョン」が示されます。その後、管理職を中心に「コアとなる変革推進組織」をつくりながら、緩やかに合意を得ていく。そのために、じっくりと現場の様子を観察する…。この一連のプロセスはお手本のようでもありますが、組織変革論でいわれるプロセスそのものです。これは、何か先生ご自身の経験の中から身につけられたことでしょうか。

下町　そうした意識は全くありませんが、管理職になって意識しているのは「学びを語る際はフラット」ということです。つまり、上から目線で管理職が「こうやるぞ」というのはあまりよくない。例えば、ALが大事だからと全教員に「毎時間10分は必ず話し合いの時間を入れましょう」と言っても、あまり意味はないと考えています。

　ですから盛岡三高でも、大野高校でも、花巻北高校でも、頭からALを推進するのではなく、先生方の様子をしっかりと見て、先生方の疑問に答える形で進めています。前出の盛岡三高参加型授業リーフレットでも、Q&A形式で「センター試験などに太刀打ちできる学力がつかないのでは？」「生徒の表現や発信はどのように評価につなげていくのか？」といった典型的な問いに答えたり、「協調学習」「グループ学習」「ＩＣＴの活用」など、本校で実際に行われている先生方の注目授業をピックアップし、具体的に解説しました。これで徐々に浸透していったようです。

「引き算のAL」

中原　ここまでの先生のお話は、ある意味、成功パターンと言えますが、逆に絶対うまくいかないのはどういう形でしょうか。

下町　繰り返しになりますが、頭ごなしに一律に「必ず○○をしましょう」という形では難しいでしょうね。学校には様々な先生方がいま

すし、講義型・演習中心の授業ももちろんあっていいでしょう。そもそもＡＬばかりでは生徒たちも大変です(笑)。

中原　もし仮に、一律にやったとしたら、実際の教室ではどんなことが起こると思いますか。

下町　結局、先生方のマインドがそのままで、「ALだよ」「対話だよ」「学び合いだよ」と形だけ繕ってもうまくいくとは思いません。例えば、活動ばかりで学びがないとか、過度に生徒をコントロールし、生徒の主体性を奪うグループワークとか、あるいは、フリーライダーや浮きこぼれが出現する薄っぺらな授業が現れることが予想できます。そうすると必ず「ほらALってうまくいかないでしょ」「やっぱりダメだったね」となっちゃう。そして結局何も変わらない。疲弊感だけが残る。実際にはそんな感じになってしまうのではないでしょうか。

　　やはり重要なのはマインドです。そこで今私が言っているのは「引き算のAL」です。例えば、発問の仕方ひとつとっても、先生の求める答えを言わせるような発問では対話は生まれません。このような従来の教室で当たり前のように行われてきたことが温存されたまま、グループワークだ、振り返りシートだと言われても、先生方も手間がかかるだけですし、生徒も大変です。ですから、旧来のマインドセットにAL型授業テイストを足していくのではなく、まずはその発問の仕方を変えてみる、例えば生徒自ら問いを立てられる発問にしてみようと意識する、そうやって今までの考え方を少しずつ変えていけば、新たに「○○法」を入れなくとも十分アクティブになると思うんです。

中原　生徒が主体的に動き出すという点で考えれば、他を捨てても自ずとＡＬは実現できるということですね。繰り返しになりますが、そうしたお考えに至るにはこれまでのご経験があってのことかと思います。

下町　先ほど授業の動画を作るという話をしましたが、昔から授業や生徒の活動の様子を撮影したり、通信を作ったり、生徒が発信する活動を

　　　　仕掛けたり、ということはよくやっていました。その中で、生徒の思いや考えをより多面的にみつめることができたし、それを学びの場に活かし、振り返る機会は他の先生方より多かったという自負はあります。

中原　先ほどのリーフレットや通信づくりといい、下町先生は、組織変革のためにメディアをうまく使っておられる。学校内部のコミュニケーションを、メディアをつかっていかに活性化するのは、「インナーコミュニケーション戦略（Inner communication strategy：組織内部のコミュニケーション戦略）」といわれます。これは、組織変革論の観点から、非常に興味深いですね。

下町　私自身が話術や指導力に自信がなかったということもあります。ですから、授業でもやたら教具が多かったり、映像を使ったり…自分一人のキャラではもたなかったんですね(苦笑)。だから、メディアに興味を持ったのかもしれません。

　　　あとは、指導主事時代の経験もよかったのかもしれません。指導主事の時は授業改善のセクションに入り、２年間で300校ぐらいの中学、高校の授業を参観しました。その中で、結構「TMTT」な授業が多いなあと感じていました。ちなみにTMTTとは「Too Much Teacher's Talk」の略なんですけどね(笑)。

「総がかり」と「自分事」

中原　そうしたご経験を経て来られた現任校・花巻北高では、どの様な取組を行っていますか。

下町　細かくはいろいろありますが、大きくいえば「学校総がかりでやろう」ということを強調しています。特に高校は教科ベースでの授業改善志向が強いのですが、学校全体でALに取り組むと、他教科から学ぶことも大切だと感じます。もっともっと教科の垣根を超えて、

つながり合い、重なり合っていきたいと考えています。

　一方では「自分事」ということです。つまり、特にALは何か一つの手法があって、その手法で全部の学校がうまくいくという話ではありません。その学校毎の状況やニーズがありますから、自分の学校に合ったALを考える必要があります。それを考えることで初めて「自分事」の問いが生まれます。「アクティブ・ラーニング」とは何かと問われたとき、文科省の示す定義的なことは答えられたとしても、それは自校での生きた取組につながりません。私たちは、今後、自校の生徒にとっての「アクティブ・ラーニング」とは何かという問いに真摯に向き合い、自分たちの言葉でそれを語り、自分たちのALを再構築していくという、ある意味、教師集団自身の主体性が問われてくると思います。管理職はそういう見識を持って、組織を動かしていかなければならないと思います。

中原　自分たちのＡＬをつくるという場合、自校の生徒の刺激になるものは何かを考えることが大事になってきますね。どうしても、ALといったらこうすればいい、というひとつの解を求めてしまう傾向はあります。

　少し話は変わりますが、どうしても改革に対してかたくなな先生もいらっしゃいますよね。

下町　そうですね。学校によっては堅い雰囲気のところもあります。ただ、どの学校でも教育課題を認識して、がんばろうとする先生はいるので、その先生方を中心に少しずつ働きかけ、変えていかなければと思います。ちなみに花巻北高では、特に地歴・公民の先生方が引っ張っている面が大きいです。例えば、今年から「アクティブ・ラーニング研修会」をやっているのですが、これまで3回は地歴・公民の先生方が主になって企画してもらっています。最近は数学などもがんばっています。

　この研修会ですが、大学の先生、大学生や他校の先生方などが参加していることも特徴的です。また、先ほど「総がかり」と申し上

げましたが、それは学校全体という意味に留まらず、保護者や地域なども巻き込んでいくことを考えてのことです。

中原　先生方の温度差もある中、組織全体でというのはなかなか難しいと思いますが、その辺での工夫はありますか。

下町　まずは互見授業です。年間で何週間か「互見授業週間」を設けています。お互いに授業を見合うことが始めの一歩です。それから、「フラワー・メッセージ」という形での生徒からの授業評価があります。これは生徒から授業担当者へ手紙を渡し、授業改善に生かすことを目的としています。あとは、対話的な授業を行うための60分授業の充実とか、総合学習の自由研究の授業への波及効果など、手を付けているところはたくさんあります。

中原　相互に見合う。また、生徒からのフィードバックを返す。いずれにしても、大切なのは、人が変わるためには「他者の鏡」が必要である、ということです。他者からどのように見られているのか、という客観的なコメントを通じて、ようやく人は変わる契機をもてるのです。そのような蓄積の果てに、学校という組織が変わっていきそうな手応えはありますか。

下町　先ほど申し上げたとおり、いくつかの教科でがんばっているところはあります。それを広げていければと思っています。もちろん、さまざまな考え方の先生がいる中で、上から一方的に押しつける形で進めるわけにはいきませんので、少しずつ、粘り強くやっていきたいと思っています。

中原　どんな組織変革にも「抵抗勢力」は現れます。「抵抗勢力」がいないということは、組織変革は起こっていない、ということもできそうです。しかし、抵抗勢力を粘り強く説得していくためには、何らかの「理念」も必要ですね。みんなが「同じ船」に乗ることのできる理念が、学校に求められるのかもしれません。

下町　その点は、学校の経営目標である「育てたい生徒像」をもう少し具体化し、全体が共有できるものにしていくことを出発点にしていきた

いと思います。また、学校はどうしても前例踏襲で変化を好まない体質がありますから、それを変えていくことも大切なことです。残念ながら今はどうしても危機的な状況や負の要素から出発して、改革が動き出す感じです。

中原　学校に限らず、組織が変わるときに危機というのは大きな要素だと思います。

下町　それがどうも後ろ向きな気がしていまして…。それで、花巻北高に来たときに、校訓ともいうべき「黒橋魂」「桜雲臺精神」を今の生徒にも分かるような言葉に置き換え、それらの精神を体現できる人を育てるためにはどういう授業を行えばよいかを逆算して考えようと提案しました。ただ、やはり、そんな大きな「目標」よりも、模試の成績や進学実績など、現実的な、数値化できる成果を「目標」としてしまっている印象は否めません。

「やりたいからやる」
「楽しいからやる」こそAL

中原　今後はどの様な形でALを推進していこうとお考えですか。

下町　一番期待をしているのは生徒たちの活動です。今、総合学習で生徒は「自由研究」をやっています。これは自由に生徒がテーマを決めて、2〜6人のグループを作って取り組むものです。先生方はほぼノータッチです。それゆえ、生徒が生き生きと学び出すということもあると思います。普段の勉強は「しないと怒られるから」とか「やらないといけないからやる」なんですが、ここでは、「やりたいからやる」「楽しいからやる」という思いを感じることができます。これこそが主体的な学び、すなわちALでしょう。そうした生徒たちの姿を見ていると、自由研究を学びの主軸に据えたこの路線は間違っていないと確信が持てます。

この自由研究の成果は、結果として進学実績にも表れていくと思います。これは決して自由研究の内容が大学から評価されるということではなく、生徒が学ぶ楽しさを実感できること、つまり学び方、学び続ける力を自らが掴みとるわけなので、必然的に受験勉強にも影響が及んでいくと思います。そして、より高度な研究を大学でしたいというモチベーションも生まれるのではないでしょうか。

中原　逆に、学ぶ楽しささえ知って入れば、どの大学だろうと大丈夫でしょうし、もっと言えば大学に行こうが行くまいが関係ないですね。

下町　なかなか現実的にはそう断言できませんが(笑)、そういうことかもしれませんね。

中原　他にはいかがでしょうか。

下町　大きな話では、本校では今年（2016年）9月、ASMSA（Arkansas School for Mathematics, Sciences and the Arts）というアメリカ・ホットスプリング市にある高校と姉妹校提携を結べたことを挙げたいと思います。この学校は全米で高い評価を受けているSTEM教育（Science（科学）、Technology（技術）、Engineering（工学）、Mathematics（数学）の各領域を重視した教育）の推進校なのですが、名前からも分かるとおり、芸術の視点を持っている点が興味深いんです。常々私は「AI（人工知能）に負けない知性を」と言っているんですが、まさに芸術の視点は人間ならではのものです。ですから、ASMSAとの交流から多くのことが学べると期待しています。

　最後になりますが、ALは授業改善だけの話ではありません。授業を中心にALが推進されることによって、部活や生徒会活動はもちろん先生たちスタッフも含め、学校全体がアクティブになると思うんです。実際にこれまでの学校でもそういうことは経験してきました。ですから、この先、ALの推進が、生徒をアクティブ・ラーナーにし、教師のマインドセットが整い、学校が変わり、そして地域を変えていくという方向に進んでいくことを期待しています。

対談を終えて——中原

　下町先生との対談は、私にとって非常に学ぶところの多いものでした。私は普段、一般の民間企業の組織変革や人材育成の現場に立ち会う事が多いのですが、そこで起こっている事は、ほぼ下町先生が経験なさっていることそのものです。組織や事業を変えるのは「痛み」を伴うのです。その痛み、葛藤を下町先生のお話からも察する事ができました。

　本書冒頭にも述べましたが、いまやアクティブ・ラーニングは「教授論」の観点から「組織論」の観点によって語られるべきだと私は思います。「アクティブ・ラーニングを生み出す授業法」も大切ですが、より広く視野をもち「アクティブ・ラーニングを生み出す組織とはどのような組織であるか」が問われるべきだと僕は思います。教育業界では「カリキュラム・マネジメント」という「教育業界でしか通用しない内部言語」が跳梁跋扈しているようですが、このことは「組織学習論」という分野で、さんざん「組織論」内部で研究されてきた知見があります。下町先生の実践からは、この組織学習論のエッセンスを学ぶことができます。「アクティブ・ラーニングを生み出す組織とはどのような組織であるか」…今後、私たちも、マナビラボで「アクティブ・ラーニングの組織論」に関する研究をさらに進めたいと考えています。

2

高校でのアクティブ・ラーニング推進の実態

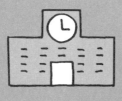

はじめに　本章の元となった調査について

　本書では主に高校の管理職の先生方に向けて、アクティブ・ラーニングを推進していく際の学校づくりのポイントや推進の実態、実践事例などをまとめています。それらを考える際に、まずは具体的な実態を把握する必要があると考えましたが、これまで、特に高校に関してはそうした統計的な資料がほとんどありませんでした。そこで、今回、私たちは全国調査を行いました（東京大学大学総合教育研究センター中原淳研究室＋一般財団法人日本教育研究イノベーションセンター）。

　本調査は、高校でのアクティブ・ラーニングの現状を、質問紙調査の方法で把握することを目的とした、日本初の大規模な調査です。2015年7月〜9月にかけて行い、対象は普通科と総合学科を設置するすべての高校3,893校としました。内容は大きく 1) 学校代表者（校長・副校長・教頭等）対象、2) 教科主任対象、3) アクティブ・ラーニングを実践している先生方対象の3つです。結果、2,414校（全体の62％）から回答をいただくことができ、全国的な状況を把握するには十分なデータを得ることができたと考えています。また、質問紙は国立・公立・私立のすべての普通科・総合学科高校に送りましたので、いわゆる偏差値レベルなどの学校による偏りはないと考えられます。

　近年、高校教育改革が大きく取り上げられてきましたが、その実態を正確に把握する手段がこれまであまりありませんでした。その意味で本調査は、高校教育改革や大学教育改革、大学入試改革を考える際に役立つ基礎資料として、多くの関係者に利用していただきたいと思っています。[※1]

　以下では、本調査の中から学校代表者調査の結果を中心に、特に特徴的な部分について見ていくことにします。

[※1]
なお、本調査の詳細なまとめについてはマナビラボのホームページ（http://manabilab.jp）で既に発行の報告書をご確認ください。本書で触れるのは、本調査から分かった特徴的な結果のみです。また、専門的な統計分析手法の説明については割愛してあることを補足しておきます。

【管理・運営の面から】

1. 学校教育目標に多いのは「人間性」「豊かな心」「思いやり」「感謝」

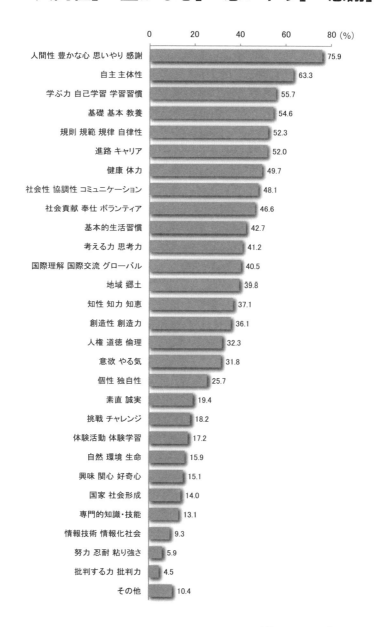

そもそも全国の高校では、どういう教育目標が掲げられているのでしょうか。それを知るために、いくつかの代表的な言葉をあげて聞いたところ、結果は前ページの図のようになりました。一番多いのは「人間性　豊かな心　思いやり　感謝」（74.4％）でした。

　少なかったのは「批判する力　批判力」（4.4％）でした。時代のキーワードとなりつつありますが、学校教育に浸透していくのはまだまだ先の言葉という印象です。ただし、教育目標と参加型授業[※2]実施の関係についてクロス集計したところ、この「批判力」や、同じく使用割合としては低い「体験活動」「興味　関心　好奇心」「情報技術」といった言葉を掲げている学校で、参加型授業がよく実施されているという結果も出ました。そもそもそうした言葉に注目している学校は、何かしら独自に工夫した教育を行おうとしている意識の高い学校だと言えるかもしれません。

　また、本調査では教育目標と参加型学習の効果（の実感）の関係も調べています。結果、例えば「国際理解　グローバル」という言葉を入れている学校は、参加型学習の効果が高いと実感する傾向にありました。こうした新しい言葉を入れる学校は、教育目標自体を見直す機会が多い学校、あるいはそうして教育課程も見直し、参加型授業など新たな試みも取り入れようとする学校と言えるでしょう。逆に「地域　郷土」という言葉を入れている学校は、効果が低いと感じていました。参加型授業では地域もキーワードになることが多いので、この点はやや意外な結果となりました。

※2
本調査における「参加型授業」の定義については44ページをご覧ください。

2．教育課程作成の中心は教務主任

①原案作成に携わるのは教務主任が圧倒的に多い

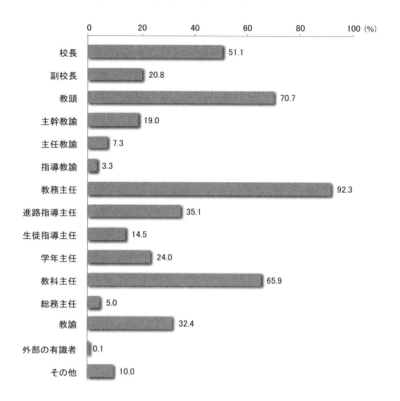

　次に、教育目標を実現するために重要な要素となる教育課程やカリキュラムについて見ていきます。誰がどの段階で作成に関わっているか分析しました。
　まずは大本となる原案の作成に携わる教員の職階を聞いた結果をまとめたのが上図です。圧倒的に教務主任が多く（92.3％）、その次に教頭（70.7％）、教科主任（65.9％）、校長（51.1％）と続きました。

②教育課程編成に携わるのは教頭・教務主任が中心

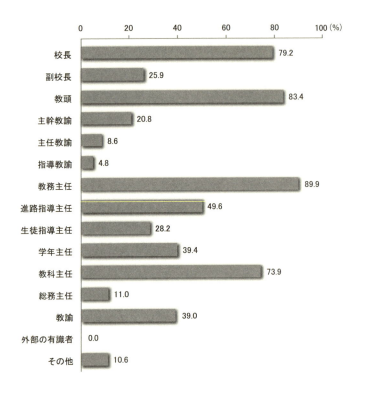

　続いて、原案を元に誰が実際の編成に携わっているかを聞いた結果が上図です。中心となるのは原案同様、教務主任（89.9％）、教頭（83.4％）、でした。さらに校長（79.2％）、教科主任（73.9％）と続きますが、実際の編成段階になると校長が関わる学校が多くなることが分かります。

　教育課程の編成に携わる先生の幅広さ（職階の数）と参加型授業の実施率の関係についても、クロス集計をしました。結果、いろいろな立場の先生が携わっている学校の方が参加型授業の実施率が高くなりました。

③教育課程の評価・改善の機会は年に２、３回以上

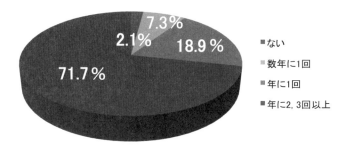

　上図はどのぐらい教育課程を見直しているかを聞いた結果をまとめたものです。以前からある教育課程をそのまま使っているのか、ある程度見直しながら使っているのか、参加型授業の導入はもちろん、時代の移り変わりが早い中では重要な視点です。

　結果としては、「年に２、３回以上」は見直しているという学校が71.7％と最も多く、きちんと見直されているという実態が分かりました。しかし、一方で「見直しの機会がない」という学校が2.1％あることにも注目しておいた方がよいと思われます。

　また、他の項目同様、参加型授業実施との関係も調べてみたところ、「年に２、３回以上」と回答している学校での参加型授業の実施率が最も高いことが分かりました。やはり、教育課程に意識を持つ学校は、自校の教育を批判的に見つめる視点を持ち、新たなものを取り入れようとする姿勢があるのかもしれません。

④教科横断的な学びはこれから

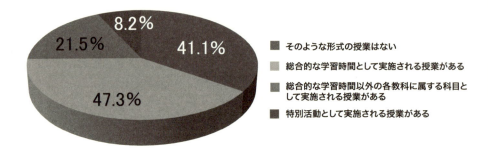

　最近は「合教科・科目型」「総合型」という言葉に見られるように、教科横断・統合的な学びが求められる傾向にあります。こうした教科間連携の視点は、アクティブ・ラーニングやカリキュラム改善といったときに、特に大切になる視点です。

　そこで本調査では、複数教科が連携する授業はあるか、どのような形で行っているか聞いてみました。その結果が上図です。一番多いのは「総合的な学習の時間として実施」が47.3％だったものの、「そのような授業形式の授業はない」と答えた学校も41.1％とある程度の数字となりました。議論が盛り上がっている割には、各学校での教科間連携の取組はこれからであるという印象です。

　ただし、総合学習の時間以外でも取り組んでいるという学校が２割以上あり、既に取組が進んでいる学校もあるということも分かりました。こうした取組が進んでいる学校の実践が共有され、イメージが広がれば、教科連携の取組もこれから増えていくかもしれません。

3．校内研修の回数と内容

①校内研修は年3回

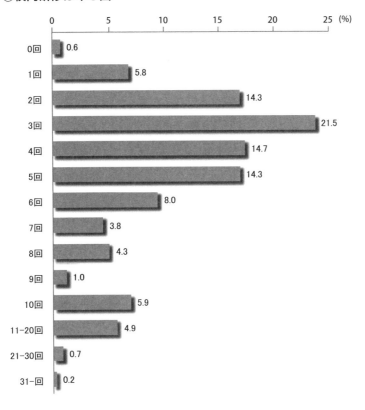

　参加型授業を進める上では校内研修がひとつの鍵となるだろうと考えました。研修の回数をまとめたのが上図です。

　その結果、このうち、一番多かったのは年に3回という学校でした。おそらく、3学期制の学校であれば学期に1回というところが多いと考えられます。また、年に10回以上実施しているという学校も1割以上ありま

した。

　この校内研修回数と参加型授業実施の関係を調べてみました。結果、やはり研修回数が多いところでは参加型授業を実施している率は高く、少ないところでは実施率も低いという結果となりました。特に研修回数が21～30回の学校では90パーセント以上の実施率となっています。

②校内研修の内容

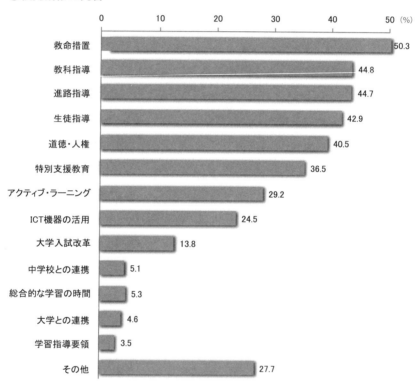

続いて調べたのが、校内研修の内容についてです。左ページの図にまとめましたが、最も多かったのは「救命措置」（50.3％）で、「教科指導」（44.8％）、「進路指導」（44.7％）と続きます。
　一番注目したい「アクティブ・ラーニング」に関する研修はというと29.2％となっています。この数字をどう判断するかは難しいところでしょうが、2015年度の段階で既に約3割近い学校で、アクティブ・ラーニングについての校内研修が行われていることは、それなりに意識が高まっているものと考えられます。今後、学習指導要領が改訂され、本格的に実施されればより増えていくものと考えられます。
　ここでも参加型授業実施との関係を調べました。結果、「アクティブ・ラーニング」「総合的な学習の時間」「学習指導要領」をテーマにしている学校での参加型授業の実施率が高く、いずれも7割前後となっています。

　ここまで、基本的な管理・運営の面での調査結果を見てきました。総じて、やはり新しい動きに敏感な学校は、管理職を中心に意識を持って動いていることが分かると思います。逆に動きが鈍い学校というのは、生徒はもちろん、彼らを取り巻く社会状況の変化にもあまり敏感でないと言えるかもしれません。あるいは、そうした変化を感じ取り、学校経営に生かすというシステムが成り立っていないとも言えるでしょう。この先、ますます変化の激しい時代に入っていき、学校も迅速な対応が求められる中、少しずつでも社会の変化を感じ取り、自校の変化につなげることが求められるでしょう。

【参加型授業の実施・取組状況】
1. 参加型授業への取組状況

　ここからは、いよいよ参加型授業の実態に迫っていきたいと思います。その前に、改めてここで「参加型授業」の定義について触れておきます。最近、「アクティブ・ラーニング」という言葉が大きく注目されていますが、予備調査等で先生方のお話を聞くと、その言葉に対する印象がかなり異なっていることが分かりました。そこで本調査では、「アクティブ・ラーニング」の代わりに「参加型学習」を用いることとしました。そして、「参加型学習」を「教員による一方向的な講義形式や、思考を伴わない体験のみの教育とは異なり、学習者の能動的な学習への参加と思考を促す教授・学習法」としました。この参加型学習を1回でも実施した授業を「参加型授業」と呼ぶこととします。

①既に取り組んでいる学校は5割以上

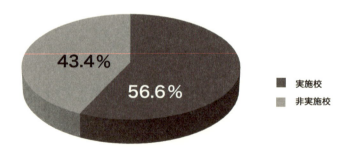

　この定義にしたがって、学校で既に参加型授業に取り組んでいるかどうかを聞いた結果が上の図です。結果、56.6％の学校が取り組んでいると答えました。この結果をどう捉えるかは非常に難しいところです。ただし、少なくとも6割近くの学校代表者が「既に取り組んでいる」と認識しているということであり、ある程度、意識は高まっていると見ることができると思います。

②国語・外国語での実施率が高い

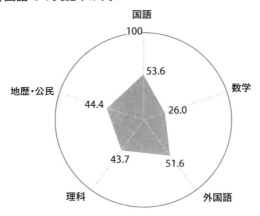

　続いて、教科毎の参加型授業実施率について聞いてみました。それをまとめたものが上図となります。国語での実施率が一番高く53.6％、続いて外国語が51.6％となりました。やはり国語や外国語では取り入れやすいということが分かると思います。逆に一番低かったのは数学でした（26.0％）。多くの先生が、個別的な問題演習が中心で、グループワーク等を取り入れにくいと考えている実態が表れたのだろうと考えます。予備調査の段階でも、参加型授業は数学に向いてないと答える数学の先生方が一定数いました。

　なお、他にも本調査では「教科として参加型学習に取り組んでいる教科があるか」どうかについても聞いており、「取り組んでいる教科がある」と回答した学校は75.5％ありました。これを見る限りは、いずれかの教科では参加型授業を取り入れているということが分かります。ただしこの結果は、全授業のうち参加型授業を1回も実施していない学校が24.5％あると考えることができ、単純に肯定的に捉えることもできないということは指摘しておきたいです。

③参加型授業実施校の特徴は？

　続いて、参加型授業を実施している学校と実施していない学校にどのような違いがあるのかについて調査してみました。

学校全体として参加型学習に関する目標を掲げているか？

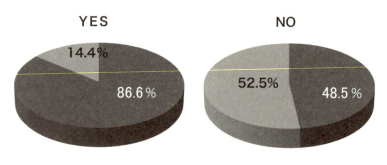

参加型学習推進に関する具体的な計画を策定しているか？

まずは、「学校全体として参加型学習に関する目標を掲げているか？」という質問項目に対する回答と参加型授業実施のクロス集計をした結果が左ページの図です。これは当然といえば当然かもしれませんが、目標を掲げている学校での実施率は86.6％、掲げていない学校では48.5％となりました。つまり、参加型授業を実施している学校の特徴の一つに、学校全体として目標を掲げているということが挙げられます。

　続いて、「具体的な計画を策定しているか？」という質問項目の回答と実施率の関係です。結果、策定している学校では83.7％の実施率となり、策定していない学校では53.2％に留まりました。したがって、2つ目の特徴として具体的な計画を策定しているということが挙げられます。

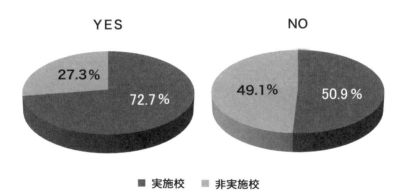

参加型学習の内容を含む校内研修を行っているか？

　そして上図は、間接的な要因とも言えますが、「参加型学習の内容を含む校内研修を行っているか？」と参加型授業実施率との関係です。クロス集計の結果、研修を行っている学校の72.7％が参加型授業を実施しているのに対し、行っていない学校では50.9％に留まりました。参加型学習

に取り組んでいるから研修をするということもありますし、研修した結果、取り組むという逆のパターンもあるでしょう。どちらが先かは分かりませんが、いずれにしても、3つ目の特徴として参加型学習内容を含む校内研修を実施している、と言えるでしょう。

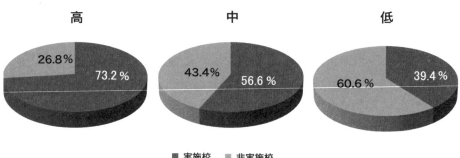

カリキュラム・マネジメントできているか？

　さらに、カリキュラム・マネジメントがしっかりできている学校ほど参加型授業の実施率が高いことが分かっています。これを特徴の4つ目に挙げることができます。カリキュラム・マネジメントについては後述しますが、カリキュラム・マネジメントへの取組の度合いを高中低の3つに分けたところ、よく取り組んでいる学校では73.2％が参加型授業を実施しているのに対し、あまり取り組めていない学校では39.4％に留まることがわかりました。

　この4点、すなわち目標・計画・研修そしてカリキュラム・マネジメントができているかどうかは、参加型授業の実施に大きな影響を与えているということができるでしょう。そして、参加型授業の実施に向けて、学校として組織的に取り組むことが大切だと言えるでしょう。各学校では既に個々にがんばっている先生方もいらっしゃいますが、そうした先生の取組を組織としてどう支援し、学校全体に広げていくかがポイントになるでしょう。

2. 都道府県毎の実施状況

①参加型授業に関する校内研修実施率は群馬県がトップ

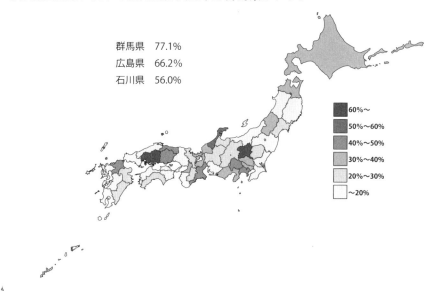

　ここまでは学校毎の数字を見てきましたが、本調査では都道府県毎での違いについてもいくつか調べてみました。ここではまず、校内研修実施率について見てみましょう。まとめたものが上の日本地図になります。上図は、参加型学習に関する校内研修の実施の度合いについて都道府県別に集計したものです。色の濃淡が実施率を表しています。

　結果、トップは群馬県で77.1％、続いて広島県66.2％、石川県56.0％となっています。この実施率がすぐに学校での参加型授業実施率につながるというわけではありませんが、この3県では他に「参加型学習に関する目標を掲げている」「具体的な計画を策定している」「教員に対し、参加型学習に関する校外研修や勉強会への参加を推奨している」と回答した学校の割合も高く、参加型学習への意識が高い県とも言えるでしょう。ただし、次の②も含め、各都道府県の回収率の差や回答した学校の属性等、今後は細かな分析が必要となることを付け加えておきます。

②都道府県での違いはあるか？

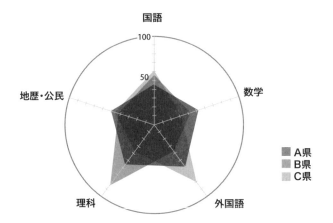

　①のように、都道府県毎にある程度差があることが分かったので、都道府県毎の違いを、もう少し違う角度から検証してみました。

　上図は、同じ程度の参加型授業実施率の県（57％前後）を3つ挙げ、教科毎の実施率をそれぞれチャートにしたものです。図でお分かりかと思いますが、A県はバランスよくどの教科でも実施していることが分かります。一方、B、C県はそれぞれ理科と外国語での実施率が突出していることが分かります。おそらく、各県での研究の力の入れ方、予算の付け方の違いが現れているのでしょう。このように、教科毎の実施率一つ取ってみても、各都道府県での推進状況の特徴は明らかです。参加型授業の推進に向けて、自治体の果たす役割は大きいと言えます。

3. カリキュラム・マネジメントができている学校は参加型授業の実施率が高い

①カリキュラム・マネジメントはできているか?

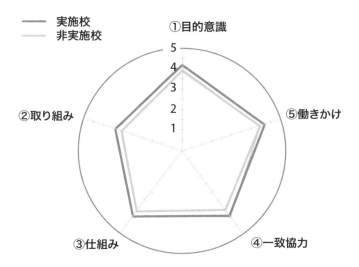

①学校教育目標の意識
②教育課程を評価・改善する取り組み
③各教員が自分の授業を評価・改善する仕組み
④評価・改善に向けての一致協力
⑤校長による働きかけ

　参加型授業への取組について考える上で重要となるのは、やはりカリキュラム・マネジメントでしょう。本調査でも、この観点からいくつか質問しました。なお、本調査では、「教育目標の実現に向けて教育課程を編成・実施・評価し、改善を図る一連のサイクルを組織的に推進していくこと」という意味でカリキュラム・マネジメントという言葉を用いています。

　まず、各学校で「カリキュラム・マネジメントができているか?」を調べてみました。教育課程の編成や実施、評価に関する学校での取組につい

て尋ねる12項目の質問について、「1．あてはまる」～「5．あてはまらない」の選択肢からあてはまるものを一つずつ選んでもらう形で校長に尋ね、その結果を因子分析によって大きく①～⑤に分類し、分類ごとに1～5点で得点化したものが上のチャートです。

　結果、わずかな差ではありますが、参加型授業実施校ではどの項目でもカリキュラム・マネジメントの取組が進んでいることが分かります。このわずかな差が参加型授業を実施するかしないかに大きな影響を与えることは、既に述べた通りです。自校の教育活動の結果を客観的に見つめ直し、改善に向けて組織的に取り組むことが、アクティブ・ラーニングの実現への鍵と言えるのではないでしょうか。

4．参加型授業の効果は？

①代表者の考えている効果ベスト5

```
1　主張・傾聴・討論などのコミュニケーション力（3.76）
2　生徒と教員間のコミュニケーション（3.74）
3　自分の考えを言語で表現する力（3.73）
4　他者と一緒に学ぶ楽しさの理解（3.69）
5　自分の考えを深める力（3.61）
```

　では、参加型授業を導入している学校で、実際にどういった効果を先生方が実感しているかについて尋ねてみました。ここでは、アクティブ・ラーニングの視点に立った参加型授業の実施により実感した効果に関する21項目の質問について、「1．あてはまらない」～「5．あてはまる」の選択肢のうち、あてはまるものを一つずつ選んでもらう形式で尋ね、その結果

を1〜5点で得点化しました。

　その上位5つが左ページのリストとなります。学校代表者では、生徒のコミュニケーション力や言語で表現する力の向上など、生徒の学びや成長だけでなく、生徒と教員間のコミュニケーションが深まったという点でも効果を実感しているという結果になりました。なお、各項目の点数を見てみると、5点満点で3.5点ちょっとというところですから、大きな効果を感じているというにはやや低い点数といえます。しかし、これは全国の平均値であり、参加型授業に積極的に取り組んでいる学校とあまり取り組んでいない学校を分けて分析すると効果の実感に差があり、力を入れて取り組んでいる学校では大きな効果を実感しています。

　逆に、先生方があまり効果を感じられていない項目もありました。「学習習慣が身につく」「進学実績」「教科の学業成績」などが平均値が低い項目となっています。参加型学習の導入によって教科の理解が向上したと考えている先生方がいる一方で、現状では効果を感じるまでには至っていない先生方も多いようです。

　この「効果」の判断は、学校の先生方の実感に基づくものであり、実際に生徒に効果があったかどうかは生徒に調査しなければ分かりません。また、高校での効果は、小学校から高校までの積み上げがあって、そして卒業後あるいは社会に出てから実感されるものかもしれません。参加型授業のねらいを成績向上や進学実績に求めていない場合、そこを評価していないでしょうから、実際には向上していても判断できないということもあるでしょう。

　ちなみに、学校代表者ではなく教科主任の先生に聞いてみた結果も、上位の項目の顔ぶれはほぼ同様でした。ただし、効果が低いと感じている項目ではやや違いが見られ、教科主任の方では「職業や勤労意識の理解の高まり」「地域社会との交流や相互理解の深まり」といった項目が低い値を示していました。

現状ではあまり効果が実感されていない項目でも、生徒が今後の社会の中で生きる力として重要な項目もあります。現在の社会情勢を把握した上で、学校としてどのような生徒を育てたいのか、なぜ授業に参加型学習を導入したいのかを明確にすることが重要となるでしょう。また、そうした力を育むためにどういう手法が有効か、教科を超えて議論することが求められるでしょう。

　実際の効果をより正確に捉えるためにも、今後は生徒目線からどういう力がついたかを調べられればと考えています。

②効果を感じている学校の特徴

　では、参加型授業に大きな効果を感じている学校はどんな学校か、調べてみたのが右ページの表になります。表側の「ねらい」～「克服方法」は、それぞれ「ねらい」はどこに重きを置いているか、「学習活動」「工夫」はどんな活動や工夫を授業に取り入れているか、「評価」はどのように評価に取り組んでいるか、「悩み」はどこに悩みを感じているか、「克服方法」は悩みをどのように克服しているかを尋ねたものです。表頭の「思考・表現力」～「市民性」はどのような効果を実感しているかであり、表中の数値は相関を示したものとなります。数値は-1から1の範囲の値をとり、絶対値が1に近いほど強い関連があることを示しています。表の網かけの濃淡は、関連性の強さを示しています。

　結果、「ねらい」「学習活動」「工夫」の項目でプラスの相関を示している箇所が多い（濃い網）ことをみると、ねらいを意識し、理解深化型、探究活動型、意見発表・交換型などの学習活動や、授業方法の工夫などに取り組んでいる学校で、参加型授業の効果を高く感じているということができます。また、関係者の理解獲得（生徒・保護者・教員に理解してもらえるよう努めている）の項目で色がやや濃くなっており、直接的ではないかもしれませんが効果の実感につながっていると考えられます。

　一方、効果の実感を阻害する要因が、表のうちマイナスの影響力を示し

		思考・表現力	課題解決力	教科基礎力	協働性	主体性	市民性
ね ら い	思考・表現力	.419	.353	.318	.301	.292	.251
	課題解決力	.334	.396	.286	.227	.275	.246
	教科基礎力	.294	.322	.307	.321	.374	.240
	協働性	.306	.331	.322	.252	.283	.527
	主体性	.304	.263	.273	.415	.247	.211
	市民性	.320	.307	.384	.255	.316	.295
学 習 活 動	理解深化型	.440	.430	.401	.364	.337	.314
	探求活動型	.399	.425	.326	.289	.267	.320
	意見発表・交換型	.416	.366	.359	.404	.300	.244
	社会活動型	.284	.331	.259	.215	.239	.323
	芸術・創作活動型	.234	.222	.226	.199	.179	.255
工 夫	他の教員との協力	.277	.267	.263	.241	.247	.236
	リソースの整備	.321	.339	.357	.276	.341	.295
	校外のリソースの活用	.291	.319	.274	.230	.255	.328
	校内のリソースの活用	.281	.290	.293	.236	.258	.226
	授業方法の工夫	.416	.368	.410	.408	.356	.244
評 価	評価するが成績に含めない	-.025	-.020	-.012	-.029	-.016	-.017
	評価し成績に含める	-.017	-.015	-.007	-.024	-.015	-.008
	感覚や経験による改善	.005	.011	.026	-.006	-.003	.011
	客観的な評価による改善	.008	.014	.030	-.002	.002	.014
悩 み	教育効果に関する悩み	-.146	-.107	-.191	-.138	-.127	-.034
	授業の進度に関する悩み	-.055	-.077	-.081	-.056	-.085	-.049
	生徒の学習態度に関する悩み	-.252	-.239	-.241	-.219	-.255	-.135
	教員の理解に関する悩み	-.163	-.133	-.163	-.153	-.143	-.084
	教員の負担増加に関する悩み	-.048	-.028	-.085	-.113	-.093	.001
	生徒や保護者の理解に関する悩み	-.155	-.087	-.129	-.174	-.098	.024
	教育資源に関する悩み	.009	.028	-.001	-.043	-.016	.059
	授業方法や評価に関する悩み	-.144	-.141	-.169	-.110	-.181	-.085
克 服 方 法	校外のリソースの活用	.213	.189	.198	.245	.189	.105
	校内での研修や他教員からの支援	.188	.170	.181	.225	.189	.150
	関係者の理解の獲得	.218	.229	.218	.180	.228	.284
	授業・評価方法の工夫	.141	.109	.124	.176	.103	.092
	公共団体からの支援	.152	.175	.167	.131	.162	.193
	リソースの整備	.036	.056	.032	.052	.052	.081
カ リ キ ュ ラ ム ・ マ ネ ジ メ ン ト	学校教育目標の意識	.242	.263	.267	.207	.253	.179
	教育課程を評価・改善する取り組み	.256	.278	.277	.227	.280	.258
	自分の授業を評価・改善する仕組み	.180	.201	.189	.180	.204	.177
	評価・改善に向けての一致協力	.255	.266	.277	.235	.289	.207
	校長による働きかけ	.153	.173	.169	.174	.185	.136

ている箇所になります。例えば、生徒の学習態度に関する悩みを抱えている学校ほど、参加型授業の効果をあまり実感できていないということができます。こうした生徒の授業態度に悩みを抱える学校は、生徒の学ぶ意欲が低いところと考えられ、こうした学校こそ生徒の意欲喚起のために参加型授業が必要だとも考えられます。知識偏重の学習だけでなく、参加型学習により学ぶ楽しさを知り、学習意欲が喚起されれば、上記の状況は解消されるのかもしれません。

5．参加型授業に関する悩みは負担増！

①代表者の悩みベスト5

> 1　授業前後の教員の負担が増加する（3.75）
> 2　必要な施設・設備が足りない（3.60）
> 3　授業の時数が足りない（3.52）
> 4　教員の授業スキルが不足している（3.52）
> 5　予算が足りない（3.43）

　参加型授業を実施することは、学校によってはこれまでにない新しいことを取り入れることであり、それ故に悩みを伴うものとなるでしょう。本調査でも、アクティブ・ラーニングの視点に立った参加型授業を実施する上で生じた悩みについて聞いています。実施上の困難や課題、不安に関する21項目の質問について、「1．あてはまらない」～「5．あてはまる」の選択肢から一つを選んでもらう形式で尋ね、その結果を1～5点で得点化しました。そのうち、上位5つの項目をまとめたのが上図です。

　悩みの上位にあがったのは、教員の負担増、そして施設・設備の不足でした。施設・設備や教員の授業スキル、予算面などに目が向くというのは、管理職ならではの視点でしょう。

　ちなみに、教科主任の先生にも聞いた結果は以下で、より現場に近い悩みが挙げられました。

> 1　授業前後の教員の負担が増加する（3.76）
> 2　授業の進度が遅くなる（3.73）
> 3　授業の時数が足りない（3.63）
> 4　生徒の学習活動の客観的な評価が難しい（3.45）
> 5　各教員の授業進度にばらつきが生じる（3.43）

②悩みを軽減するカギはカリキュラム・マネジメント

		教育効果	授業の進度	生徒の学習態度	教員の理解	教員の負担増加	生徒や保護者の理解	教育資源	授業方法や評価
ねらい	思考・表現力	-.061	.003	-.151	-.103	-.020	-.093	.044	-.078
	課題解決力	-.042	-.021	-.139	-.099	.016	-.046	.064	-.076
	教科基礎力	-.076	-.044	-.073	-.115	-.021	-.091	.010	-.071
	協働性	-.005	-.020	-.042	-.058	.026	.035	.084	-.031
	主体性	-.060	-.003	-.052	-.109	-.052	-.093	-.006	-.005
	市民性	-.099	-.019	-.098	-.090	-.025	-.046	.034	-.084
学習活動	理解深化型	-.045	-.020	-.150	-.114	.051	-.092	.104	-.088
	探求活動型	-.022	-.021	-.151	-.093	.078	-.079	.122	-.073
	意見発表・交換型	-.068	-.052	-.180	-.127	-.039	-.135	.023	-.083
	社会活動型	-.045	-.078	-.126	-.050	.053	-.033	.117	-.078
	芸術・創作活動型	-.043	-.064	-.065	-.054	.006	-.043	.036	-.076
工夫	他の教員との協力	-.029	-.082	-.069	-.053	.001	-.035	.043	-.065
	リソースの整備	-.046	-.101	-.121	-.101	-.019	-.055	-.036	-.133
	校外のリソースの活用	-.051	-.093	-.129	-.050	.025	-.042	.069	-.087
	校内のリソースの活用	-.025	-.042	-.081	-.030	.028	-.059	.083	-.073
	授業方法の工夫	-.108	-.060	-.125	-.181	-.013	-.160	.023	-.122
評価	評価するが成績に含めない	-.005	-.018	.002	.007	-.019	.022	-.022	-.014
	評価し成績に含める	-.012	-.027	.002	-.003	-.016	.015	-.018	-.022
	感覚や経験による改善	-.023	-.030	-.003	-.021	-.006	-.003	.012	-.010
	客観的な評価による改善	-.023	-.032	-.006	-.022	-.008	-.004	.010	.011
効果	教育効果に関する悩み	-.146	-.055	-.252	-.163	-.048	-.155	.009	-.144
	授業の進度に関する悩み	-.107	-.077	-.239	-.133	-.028	-.087	.028	-.141
	生徒の学習態度に関する悩み	-.191	-.081	-.241	-.163	-.085	-.129	-.001	-.169
	教員の理解に関する悩み	-.138	-.056	-.219	-.153	-.113	-.174	-.043	-.110
	教員の負担増加に関する悩み	-.127	-.085	-.255	-.143	-.093	-.098	-.016	-.181
	授業方法や評価に関する悩み	-.034	-.049	-.135	-.084	.001	.024	.059	-.085
克服方法	校外のリソースの活用	-.035	.052	-.021	.007	.035	.002	.149	.113
	校内での研修や他教員からの支援	.002	.135	.054	.021	.085	.028	.191	.167
	関係者の理解の獲得	.076	.092	.061	.105	.104	.218	.254	.125
	授業・評価方法の工夫	.033	.147	.088	.010	.152	.014	.200	.214
	公共団体からの支援	.116	.104	.040	.144	.144	.149	.414	.118
	リソースの整備	.133	.152	.159	.097	.274	.148	.345	.193
カリキュラム・マネジメント	学校教育目標の意識	-.053	-.063	-.115	-.158	-.002	-.073	.038	-.121
	教育課程を評価・改善する取り組み	-.012	-.046	-.099	-.084	.017	.004	.070	-.067
	自分の授業を評価・改善する仕組み	.000	.003	-.051	-.097	.046	-.023	.055	-.042
	評価・改善に向けての一致協力	-.056	-.083	-.078	-.220	-.016	-.076	.019	-.109
	校長による働きかけ	-.056	-.057	-.063	-.138	-.056	-.075	-.090	-.069

それでは、こうした悩みを各学校ではどのように解消しているのでしょうか。そのヒントを考えるために、参加型授業を実施している学校の取組と悩みの関連性を分析し、相関を示したのが前ページの表です。

　表側には「効果」の分析と同様の項目が並んでいます。「カリキュラム・マネジメント」はカリキュラム・マネジメントの取組の度合い、「ねらい」はどこに重きを置いているか、「学習活動」「工夫」はどんな活動や工夫を授業に取り入れているか、「評価」はどのように評価に取り組んでいるか、「効果」はどのような効果を感じているか、「克服方法」は悩みをどのように克服しているかを尋ねたものです。表頭の「教育効果」～「授業方法や評価」は、どのような悩みを感じているかであり、それぞれの項目の関連性の強さを数字と網かけの濃淡で表しています。

　結果を見てみると、「カリキュラム・マネジメント」と「教員の理解に関する悩み」との間に負の相関があることが分かります。また、「ねらい」「学習活動」「工夫」も「生徒の学習態度に関する悩み」との間に負の相関を見せています。「克服方法」については、「教員の負担増加に関する悩み」や「教育資源に関する悩み」と「リソースの整備」との間に正の相関を見せています。

　したがって、かなり単純化して述べれば、教員の理解に関する悩みは、カリキュラム・マネジメントがうまくいっている学校ほど少ない。生徒の学習態度に関する悩みは、ねらいを意識し、学習活動や工夫などに力を入れている学校ほど小さい。教員の負担増や教育資源に関する悩みの克服方法としては、リソースの整備という方法で対応していると言えます。

　一方で、「学習活動」と「教育資源に関する悩み」の間にやや正の相関が見られます。参加型学習を意識して授業に様々な学習活動を取り入れていくと、相応の時間や費用がかかるということになります。このような問題に対して、公的支援の獲得やリソースの整備などに学校をあげて取り組むことが、悩みの解消につながり、充実した参加型授業を実施していくことにつながるのではないでしょうか。

さいごに

　本報告は、2015年に実施した全国調査について、結果の一部を報告したものです。より詳しい調査結果は、「マナビラボ」のウェブサイトで公開していますので、そちらをご覧になってください。

　本調査では、アクティブ・ラーニングを参加型学習と言い換え、参加型学習の状況について調査しました。また、参加型学習の定義について、「教員による一方向的な講義形式や、思考を伴わない体験のみの教育とは異なり、学習者の能動的な学習への参加と思考を促す教授・学習法」とし、この参加型学習を1回でも実施した授業を「参加型授業」と呼びました。ただし、これは調査する上で便宜的に定義する必要があったからであって、そのような形式の授業を1回でも実施すれば参加型学習として十分であるという意味ではないことに留意してください。

　本調査の目的は、全国の高校で実施されている様々な授業のデータを幅広く収集し、その中で効果のある授業とはどのような授業で、そのような授業が実施されている学校はどのような学校かなどを分析することです。本調査における参加型学習の定義は、そのようなことを調査するためのものとお考えください。

　今、高校教育改革の中にあって、高校教育のあり方について各地で様々な議論がなされています。私たちが危惧しているのは、その議論が個人の感覚や根拠に乏しい通説に基づいてなされ、それによって誤った意思決定がなされてしまうことです。その意味において、本調査の結果を、高校教育改革や大学教育改革、大学入試改革についてみなさまが議論する際の基礎資料として役立てていただければ幸いだと考えています。

　「高校における参加型学習の実態調査」は、2015年度だけでなく、数年間に渡って継続的に実施し、その変化を追いかけていく予定です。今後の調査では、参加型学習の実態の変化を報告するだけでなく、変化が見られ

た学校はどのような学校かについてのデータを示すことができるのではないかと考えます。今後の結果報告にも興味・関心を持っていただけますと幸いです。

3

高校の先生たちはどこで悩んでいるか
どうする？ アクティブ・ラーニング！…
先生のための相談室

高校の先生たちはどこで悩んでいるのか
どうする？ アクティブ・ラーニング！：先生のための相談室

　今日、アクティブ・ラーニング型の授業と呼ばれるような形態は、これまでにもさまざまな授業改善の工夫の中で取り組まれてきたものです。しかし、個々の教員にとっては、教える立場としても、あるいは教わる立場としても経験していない、まったく未知の分野だと捉えられることもあるでしょう。

　そこで、本プロジェクトのWebサイト「未来を育てるマナビラボ」では、「どうするアクティブ・ラーニング？　先生のための相談室」として、「アクティブ・ラーニングってそもそも何？」といったいまさら聞けない質問から、実践してみて出てくる悩みまで、アクティブ・ラーニングにまつわるさまざまな質問にお答えしています。本章では、特に先生方からよく聞かれる項目を抽出し、加筆・修正のうえ、再構成しています。

文：成田秀夫・赤塚和繁

「アクティブ・ラーニング」という言葉だけはよく聞くのですが、そもそもアクティブ・ラーニングの定義がよくわかりません。

　教育の世界では、しばしば、このような流行語が生まれます。いったん流行語になってしまうと、あらためてその本質を考える機会を失ってしまい、それが誤解や反発を招くという懸念もあります。「やらなければならないから」と形式だけに飛びつくのでもなく、「どうせ、また下火になるのだから」と身をすくめて波がおさまるのをやり過ごすのでもなく、生徒の現在と将来を見据えながら、地に足をつけた議論と対応が必要だと感じます。

　まず、言葉の定義としては、2012年の中央教育審議会答申「新たな未来を築くための大学教育の質的転換に向けて～生涯学び続け、主体的

に考える力を育成する大学へ〜」における「伝統的な教員による一方向的な講義形式の教育とは異なり、学修者の能動的な学修への参加を取り入れた教授・学習法の総称」という定義がよく引き合いに出されます。そこでは、「学修者が能動的に学修することによって、認知的、倫理的、社会的能力、教養、知識、経験を含めた汎用的能力の育成を図る」とされています。また、有効な方法として「発見学習、問題解決学習、体験学習、調査学習などが含まれるが、教室内でのグループディスカッション、ディベート、グループワークなど」が挙げられています。

　ちょっと、わかりづらいですよね。特に、教える側の視点で述べられているのか、学ぶ側の視点で述べられているのかが曖昧です。また、手法を例示したことで「何のために」ということよりも、形式の面が強調されたようにも感じます。

　そこで、次の溝上慎一教授（京都大学）の以下の定義をご覧下さい。

　一方向的な知識伝達型講義を聴くという（受動的）学習を乗り越える意味での、あらゆる能動的な学習のこと。能動的な学習には、書く・話す・発表するなどの活動への関与と、そこで生じる認知プロセスの外化を伴う。

※溝上慎一（2014）『アクティブラーニングと教授学習法パラダイムの転換』東信堂

　「認知プロセスの外化」とは、自分の理解や考えを書いたり話したりして、自分の「外」に出すことによって、聴いて分かったつもりになっていることを再確認することを意味しています。今まで実践されてきた「言語活動」とほぼ重なるものです。

　こう考えていくと、例えば、グループワークやディベートなどの活動に意味があるのではなく、その中で、各々が自分の考えを表現し、他者の持つ多様性に触れながら、自らの学びを深めるというプロセスにこそ、アクティブ・ラーニングの意味があるということが理解しやすいのではないでしょうか。

なぜ今、「アクティブ・ラーニング」という言葉が盛んに使われるようになったのですか？

もともと、目の前の生徒の成長のために、自ら授業の改善を図る中で、今日アクティブ・ラーニングと呼ばれるような授業を実践してきた先生方からすると、「なぜ今さら？」と思われるかもしれません。

最近、注目されている理由は主に3つあると考えます。

①新しい社会で必要な能力を養成できる
　グローバル化や絶え間ないイノベーションが進む「知識基盤社会」では、どれだけ知識を持っているかだけではなく、その知識を活用して、生まれ育った背景の異なる他者と協働して課題を発見し解決する能力の重要性が高まっています。こうした能力は「21世紀型能力」「ジェネリックスキル」などと呼ばれ、注目されています。また、中教審では「生きる力」として「豊かな人間性」「健康・体力」「確かな学力」の3つにまとめています。こういった新しい社会で必要な能力を学校の授業で育成しようと考えると、講義型の授業だけでは不十分で、実際に知識を活用するなかで、さまざまな能力を伸ばす、つまりアクティブ・ラーニングが必要だということになります。

②学び方を学ぶことができる
　「知識基盤社会」では、情報は日々更新されていきます。変化の激しい社会で、自ら動き、自分で知識を得て学ぶことができる人材が求められるようになります。社会の中では「教えてもらっていないので、分か

りません」では通用しません。そのためには、あらかじめ定められたカリキュラムの中で、学ぶべき内容を身につけるだけではなく、学校を卒業しても学び続けることができるスキルを身につける必要があります。アクティブ・ラーニングは「学び方を学ぶ」ためのトレーニングだとも言えます。

③文部科学省の動向

　2014年12月の中教審答申では、高校教育・大学教育それぞれについて、『アクティブ・ラーニングへの飛躍的充実を図る』(高校)『アクティブ・ラーニングへと質的に転換する』(大学) と明記されました。また、2022年度から高校で導入される新学習指導要領の改訂に向けた諮問 (2014年11月) でも、『課題の発見と解決に向けて主体的・協働的に学ぶ学習 (いわゆる「アクティブ・ラーニング」) や、そのための指導の方法等を充実させていく必要があります』と記載されています。文科省の後押しを受け、高校・大学においてアクティブ・ラーニング型授業の導入が加速し、それによって生徒・学生の学習環境が変化し、学びへのニーズも変化する可能性があります。

　現在、アクティブ・ラーニングの手法と呼ばれているものは、決して新しい手法ではありません。これまでにも、いろいろな先生方が授業の工夫として取り入れられてきたものです。それらを、現代的な意義で捉え直していると考えてよいでしょう。

アクティブ・ラーニング型授業を導入することによって、授業の進度が遅くならないでしょうか？　教科書を最後までやり終えることができるか、不安です。

　履修内容が増加し、また歯止め規定の見直しで、より高度な内容を扱うようになっているにもかかわらず、「授業では講義をするだけでなく、生徒が話したり、書いたり、発表したりする時間を取りなさい」と言われる。「ただでさえ、教科書を最後まで終わらせることに精いっぱいなのに、どうやって時間を捻出すればよいのか？」という先生方の不安の声をよく聞きます。

　まず、教科書を最後まで「教える」ことと、生徒がその内容を「すべてマスターする」こととは別であるということを理解しましょう。従来は、小テストなどを繰り返して、生徒の理解度をチェックしながら、理解が浅い場合はじっくりと説明して…と進度を調整しながら授業を進めてきたと思われますが、理解の進み具合は生徒によってさまざまです。結果的に、どこかで生徒に無理や不満が生じることになります。

　生徒の活動を中心としたアクティブ・ラーニング型の授業では、それぞれの生徒の理解に合わせて進めることも可能です。理解している生徒は自分でどんどん進んでいきますから、その分、理解が遅い生徒にはじっくりと教えることができるということです。

　その上で、生徒が話したり、書いたり、発表したりする時間を取るために、教科書を説明する時間を削減してみましょう。

　基本的なところでは、まず「板書をしない」を試してみてはどうでしょうか。つまり、板書をするような内容はプリントを配って、それに基づ

いて授業をするということです。それだけでも、教員が黒板に書く時間、生徒がそれを写しとる時間が省略できます。

　さらに、授業の設計では、以下のようなことが考えられます。

①その単元で必要なことは説明し、最後の授業で、それまでに学んだ知識を統合したり活用したりする課題をグループで考えさせるという、講義とワークを独立して行うタイプ

②一コマの授業の中で、10分解説したら5分ワークをして知識を確認しながら進めるという、講義とワークを連動させるタイプ

　いずれの場合も「すべてを教えないと気が済まない」という「網羅主義」に陥らないことが大切です。「読めば分かることをいちいち説明しない」「ミニマムかつスタンダードな知識に絞る」など、教える内容の厳選が必要です。その上で、理解が早い生徒のために、自分で学習を進められるように、発展的な課題を準備しておくとよいでしょう。

　同時に、短い時間で的確に知識を教えられるように「デリバリー・スキル」を磨くことも大切です。「生徒の活動を中心に」と言われると、これまで培ってきた講義のスキルを否定されるような気持ちになる先生もいらっしゃるかもしれませんが、実は、一方通行型の講義よりアクティブ・ラーニング型の授業の方が、教師の教えるテクニックが必要だとも言えるのです。

グループワークを取り入れたいのですが、いつもグループ分けで頭を悩ませています。どのようにグループ分けをしたらよいのでしょうか？

　グループワークを取り入れて、生徒が課題に取り組んでいる様子を観察していると、「このグループは、全然進んでいないな」「このグループは、間違った方向にどんどん進んでいるな」といった問題が、明確に分かるようになります。そのこと自体が、グループワークを取り入れるひとつのメリットでもあるのです。生徒が活動している時間は、教員は観察に集中できますから、問題が生じた時に介入して軌道修正を行えばよいので、最初からすべてがスムーズに進むようなグループを作ることに気を揉み過ぎる必要はないと考えれば、少しは楽になるのではないでしょうか。

　グループ分けについては、明確に「この方法がよい」というものはないと思って下さい。

　これまでにも、アクティブ・ラーニング型の授業を実践されている先生方に、どのようにグループ分けをしているかを尋ねてきましたが、名簿順で機械的に分けている先生、成績データを元に学力の偏りが出ないように分けている先生、完全に生徒に任せている先生など、さまざまです。機械的にグループ分けをした後、生徒の自主性に任せて生徒自身が調整をするという先生もいらっしゃいました。グループの活動が停滞した時には、グループを越えて「ちょっと教えて」と他のグループに助けを求めたり、「これ、どういうこと？」と聞きに行ったりできるといった柔軟なルール設定で、グループ分けによる当たり外れを感じなくてす

むような工夫もできるかと思います。まずは、クラスの状況や、グループで取り組む課題に応じて、柔軟に組み替えるということを前提にしておいた方がいいでしょう。

　グループ内での役割についても、各グループにリーダー役としてメンバーを引っ張るタイプの生徒を配置するなど、教員側が配慮し過ぎると、生徒はその意図を敏感に察知するものです。「このグループなら、○○さんがリードするから、僕はついていくだけでいいや」と。それでリーダーをサポートする役割を果たすのであればまだいいのですが、いわゆるフリーライダーになってしまうと、その生徒は成長する機会を失ってしまいます。グループ活動における「役割」を習得させたい場合は、役割を割り振ることも必要です。

　各グループで自由に役割を決めさせるようにしてしまうと、必要以上に時間がかかったり、役割が偏ったりする場合がありますので、各回の授業で役割をローテーションして、全員がすべての役割を経験できるように設定するといいでしょう。各回の授業で、それぞれの役割が十分に果たせたかをグループ内で生徒同士が評価しあうといったことも有効です。また、ある程度グループ活動を経験して、役割についての理解が進んでいる場合は、自発的に役割を遂行することを促すような配慮も必要でしょう。

どうしてもグループでの活動に入っていけない生徒には、どう対応すればよいでしょうか？

　グループワークをしていると、クラスに1人ぐらい、ほとんど活動に参加しない（できない）生徒が出てきます。それがグループの他のメンバーにもストレスになってしまい、グループ全体が停滞してしまいます。

　まず、大前提として、グループワークをすることが、アクティブ・ラーニングの目的ではないということは認識しておいて下さい。例えば、その授業の目標が「教科書の〇ページから〇ページをマスターすること」であれば、プロセスはどうあれ、その目標が達成できれば、必ずしもグループワークへの参加を必須とすることはないとも言えます。「全員が、同時に、同じことをする」ことを強制する必要はありません。

　しかし、他者とうまくコミュニケーションをとるということは、アクティブ・ラーニングの目的のひとつでもあります。まずは、うまくグループワークへ導入できるような仕掛けを考えてみましょう。

　対人コミュニケーションに苦手意識があるかどうかにかかわらず、「では、〇〇について、グループで話し合ってみて下さい」と、いきなり投げかけても、生徒はそのまま固まってしまいます。まずは、教員からの問いかけに対して、各自で自分の考えをノートに書き出してみる。それを順番にグループのメンバーに向けて読み上げることで、全員が発話する機会を作り、グループ内のコミュニケーションをとりやすくするといった手法は有効です。また、グループでの活動に入る前に、助走期間としてペアワークを設けるという方法もあります。1対1であれば、しゃ

べらないわけにはいきませんから、徐々にコミュニケーションに慣れることができます。

　あるいは、どうしてもグループの中にいることが困難であれば、いったんグループを離れて、しばらく1人で参加するという方法もあります。他のグループが活動している時に、時々教員が声をかけながら、「そこは、○○さんに来てもらって、教えてもらおうか」「△△くんが、よく似たことを考えているよ。ちょっと聞いてみるといいよ」と提案し、徐々に生徒間でコミュニケーションをとれるようにしていきます。

　そして、学習障害や多動性障害、高機能自閉症などの発達障害の傾向を持つ生徒への対応も課題となります。ひとつの科目の中だけで、その授業担当の先生だけで解決できることではありません。講義型の授業であれば見過ごされてきたことが、アクティブ・ラーニング型授業が注目されることにともなって、問題として顕在化してきたとも言えるでしょう。授業内では、前述のように、いったんグループワークから離脱するような処置をとったうえで、後で個別面談を行います。その生徒は、ひとつの授業だけで問題を抱えているわけではありませんから、学級担任や相談係、養護教諭を巻き込みながら、学校として長期的な指導計画を立てていくことが必要です。

アクティブ・ラーニングの導入に向けて、校内の教員の足並みがそろいません。生徒が混乱しそうで心配です。

　以前は、アクティブ・ラーニング推進派と、慎重派 or 否定派といったある種の対立構造で足並みがそろわないという話をよく聞きました。あるいは、自分は孤軍奮闘でがんばっているのだけれども、周りの先生方の反応はイマイチ…という先生もいらっしゃいました。現在はずいぶん理解は進んでいると思いますが、「アクティブ・ラーニングを進めることになっているのだけれど、どうやればいいの？」というところで、足並みがそろわないということがあるかもしれません。

　しかし、すべての教員がそろって同じ方式で授業をするという状態が理想的であるとは思いません。教科の特性もあります。先生の得意・不得意もあるでしょう。もちろん、担当している生徒も違います。それぞれの状況に柔軟に合わせられることの方が重要です。

　最も大切なのは、「どんなアクティブ・ラーニング型の授業をやるか（＝What）」や「どうやってアクティブ・ラーニング型の授業をやるか（＝How）」よりも、「なぜアクティブ・ラーニング型の授業をやるか（＝Why）」という点において、教員の足並みをそろえるということです。つまり、目標を共有するということです。これが実現できていれば、ピッチが速い・遅い、ストライドが広い・狭い…と、いろいろな先生がいても、それぞれの先生方が同じベクトルで授業改善に取り組むことができます。

　そして、アクティブ・ラーニングで生徒同士が学び合うのと同時に、先生同士もまた学び合うことが重要です。つまり、先生自身がアクティ

ブ・ラーナーであるということです。ある先生が試みた手法を、他の先生にも開示し、自分の授業でも効果がありそうだと感じれば授業に取り入れてみる。そして、その結果を他の先生にフィードバックする。特に、アクティブ・ラーニング型の授業の目的のひとつであるジェネリックスキルの育成は、ひとつの教科の中でとどまるものではなく、どの教科にも関係するものです。高校では各教科の専門性が高いために、授業改善についての議論は教科の先生の中で行われることが多いかと思いますが、アクティブ・ラーニングについては、教科の枠を越えて、学校全体で取り組むことができます。

　このように、校内の先生方が協働する環境を作っていくことこそが、「先生方の足並みがそろう」ということではないでしょうか。

アクティブ・ラーニング型の授業をしようと思っても、ICTの設備や教具がありません。

　アクティブ・ラーニング型授業を見学したり、セミナーや研修会で実践報告を聴いたりすると、電子黒板やプロジェクター、クリッカー、タブレット端末、LMS（ラーニング・マネジメント・システム）などのICT機器が駆使されていて「自分も、こんなふうに使いたい！」と授業改善のアイデアが広がりますよね。でも、ICT環境がなければアクティブ・ラーニング型の授業ができないというものでもありません。私も研修等ではPCやプロジェクターを使っていますが、グループワークをする際は、その場の環境に左右されないように、アナログな文房具を使って授業をしています。

　さらに言えば、これまで紙やペンを使ってやっていたことを単にデジタルメディアに置き換えるだけでは、あまりやる意味はありません。例えば、タブレット端末を使って、自分の考えを文章や図で表現し、完成すれば先生に送信する。そんなことは、紙とペンを使って行えば充分です。潤沢な予算があれば話は別ですが、アナログではできないことができるようになるからこそICT機器を使う価値があるのだと考えた方がいいでしょう。

　もともと「アクティブ・ラーニング」は、アメリカの大学教育において生まれてきた言葉ですが、30年ほど前の話ですので、まだ教室にPCもプロジェクターもなかった時代の話です。その当時は、教員の発問に対して、学生が札を挙げ、解答が分かれる問題について、学生同士が議

論するという授業を行っていたそうです。それが今はクリッカーに置き換わって、瞬時に集計などが表示されるようになったということです。重要なのは、うまく解答が分かれるような課題をどう提示するかという授業デザインだということがお分かりいただけるのではないでしょうか。

　例えば、模造紙や特大の付箋紙、可動式のホワイトボードなどは、汎用的に活用できます。付箋紙に個人の考えを表現し、それを模造紙やホワイトボードに貼りつけながらグループで議論を進め、付箋紙をまとめたり、ペンで書き入れたりしてグループとしての考えをまとめる。それをそのまま発表用のポスターとして使うことができます。また、PC・プロジェクターを使う代わりに、A4用紙に伝えたいことをコンパクトに書いたものを、次々に黒板に貼りながら授業を進める「KP法（紙芝居プレゼンテーション）」というやり方もあります。この方法は、先に使った用紙がそのまま残っているという点で、プレゼンテーションソフトにはない利点もあります。

　まずは、自分の授業デザインを振り返って、何ができていて、何ができていないかを明らかにして、その問題を解決するためには何が必要なのかを考えてみましょう。

アクティブ・ラーニング型授業にはどんな手法があるのですか？

　アクティブ・ラーニングについて、よくある誤解が２つあります。まず多いのが、大学で行われているような課題解決型学習やPBL（Project-Based Learning）こそがアクティブ・ラーニングであるというものです。実社会に存在している定まった解がないような課題に対して、学生（生徒）がグループで協働しながら解決に取り組むというものです。高校では、総合的な学習の時間の中で行われている学校もあります。もちろん、アクティブ・ラーニングの形態のひとつですが、これがアクティブ・ラーニングのすべてではありません。

　もうひとつが、アクティブ・ラーニング＝グループワークであるという誤解です。これも、もちろんアクティブ・ラーニングの手法のひとつですが、グループワークをやっておけば、アクティブ・ラーニングをしたことになるというものでもありません。

　アクティブ・ラーニングには数多くの手法・手段があり、授業のねらい・課題の内容・費やす時間・生徒の人数・環境などに応じて選択されるものです。

　以下に、いくつかの手法を紹介しますが、手法に注目するあまり「アクティブ・ラーニングを行うことが目的」になってしまわないように注意が必要です。教員が教科書に書かれた内容をすべて生徒に教えようとする「網羅に焦点を合わせた指導」からは転換が必要ですが、かといって「活動に焦点を合わせた指導」になってしまってもいけません。

①Think-Pair-Share

　教員からの発問に対して、まずは自分で考える→隣の人と意見交換する→全体で考える。自分の意見・考えを明確にしたうえで、他者の意見・考えに触れながら、自分の意見・考えを深めていく手法。

②ジグソー法

　あるテーマについての資料を、グループ内のメンバーで分担して勉強し、各自が理解した内容を持ち寄り、ジグソーパズルのパーツを埋めるように、知識を統合してテーマ全体の理解を構築したり、課題を解いたりする活動を通して学ぶ、協調的な学習のひとつ。自分が担当した資料について理解しているのは自分1人であるため、否応なくメンバー同士の協調が求められところがポイント。

③ラウンドロビン

　グループの中で各自が順番に意見を述べる。いきなり「グループで話し合いなさい」では、強引なリーダーが議論をコントロールしてしまう場合がある。まずは発言の平等性を確保するために有効。

④ピアインストラクション

　教員が選択肢問題を発問し、まず受講者が個人で解答を導き、周囲の受講者に対して、どのような根拠でその解答を導いたかを説明し合う。改めて各自で解答を考え直す。ここで初めて、教員が解答を解説する。教員による解説よりも、受講者同士の意見交換で気づきを得る方が、より理解が深まるという点がポイント。

教員の授業準備の負担が増えそうで心配です。

　確かに、大学で盛んに行われているような PBL や、高校でも総合的な学習の時間で行っているような探究的な活動を導入しようと思うと、かなりの準備が必要となります。おそらく、1人の先生の努力だけでは無理でしょう。しかし、通常の教科の授業の中で、習得や活用のためにアクティブ・ラーニングを導入する分には、教科書や既存の資料・問題集などを活用して、手間をかけないこともできるのではないでしょうか。担当の校務が忙しくなり、講義型の授業の準備に十分な時間がとれなくなったから、生徒の活動を中心にしたアクティブ・ラーニング型の授業に切り替えたという先生もいらっしゃいます。講義型の授業で使っていたオリジナル教材をそのまま使い、その教材にグループで取り組みながら教科書の内容をマスターしていくように、課題の提示の仕方を工夫されています。講義一辺倒の授業であれ、アクティブ・ラーニング型の授業であれ、授業の準備は必要ですから、そこは変わらないのではないでしょうか。

　ただ、一コマの授業の中で、講義だけではなく、1人で考えたり、話し合ったり、発表したり、振り返ったり、さまざまな要素を含ませようとすると、授業時間を効率的に使う必要があります。最低限伝えたい内容はプリントで配布して板書を写す時間を節約したり、ワークシートなどを利用してテンポ良く授業を進めたりする工夫も必要でしょう。

　また、生徒が取り組む課題をどのレベルに設定するかが肝になりま

す。クラスの全員が、授業時間中にギリギリまでがんばって、何とか達成できるかどうかというレベルの課題が理想的ではありますが、そうそうぴったり当てはまるものでもありませんので、ここは試行錯誤して経験値を積むしかありません。また、レベルだけではなく、その課題をどのような表現で提示するかについても、慎重に考える必要があります。課題への取り組みがうまく進んでいないグループや生徒をよく見ていると、そもそも課題そのものをちゃんと理解できていないということがよくあります。

　さらに、複数の課題を用意しておいて、うまくいかないようであれば、途中で切り替えるといったことも必要でしょう。いきなり大きな課題を与えるのではなく、段階的に課題を設定しておいて、理解が遅い生徒もスムーズに取り組めるように配慮するとともに、理解が進んでいる生徒には、どんどん発展的な内容を取り組ませることで、それぞれの生徒の状況にあわせた授業を行うこともできるでしょう。

　最初にすべてを完璧にそろえるのは、負担感が大きいかもしれません。ただし、教科で履修する内容は変わらないわけですから、これまで作ってきた授業プリントや小テストをそのまま使ったり、改訂したりすることから、まずは始めてもいいのではないでしょうか。

アクティブ・ラーニング型授業で、受験学力がつくのか心配です。

　生徒の将来を見据えて、社会に出てからも自ら学び続けることのできる力を身につけさせたいと先生が考えていても、直近で求められるのは大学合格実績。そこで結果を出せなければ、いくら「社会に出て…」「学び続ける力が…」と訴えても、誰にも聞いてもらえない。そういう現実は確かにあるかと思います。

　では、ここでいう「受験学力」とは、どういった力でしょうか。ペーパーテストで評価される「教科学力」だとすると、以下の２つに大別されます。

①教科の知識定着・理解を問うもの
②教科の知識を踏まえた思考力・表現力を論述形式で問うもの

　①では、授業を聴いて生徒は「分かったつもり」になっていても、実は理解が不十分だということはよくあります。そのことに、定期テストや模試を受けて初めて気付いたのでは、リカバーするためにまた時間が必要になります。日々の授業の中で、書く・話す・発表する時間を少しずつでもとることによって、生徒は自分が本当に理解しているのかを確認しながら学ぶことができます。「アクティブ・ラーニング」というと、活用や探究の場面をイメージしがちですが、習得のために有効な手段でもあるのです。

　②では、自分が導いた解答の根拠を他者に説明したり、他者の答案と比較検討したりすることで、自分が解答を導いた筋道に穴はないか、そのことを相手に正しく伝えることができているかを確認することができ

ます。つまり、よりよい解答を紡ぐスキルを磨くことができます。

　特に、近年の大学入試問題では、単純な知識の理解を問うものから、比較して論じさせたり、複数の情報を統合して解いたりするような出題が数多くみられるようになってきています。例えば、英語では、和文英訳のような英作文よりも、与えられた文章や図表を読み、それを基に論じる意見論述型の自由英作文の出題が多くなっています。さらには絵や写真を見て、その意味を考えさせるビジュアル読み取り型の出題も目立っており、その素材に含意されているものを積極的に読み取ろうとする思考力・判断力、さらに表現力が問われています。その対策として、グループを作り、素材についてディスカッションし、それをグループごとに発表するなどのアクティブ・ラーニング型の授業形態は有効です。

　できるだけ早く教科書の内容を網羅的に説明し、その後は問題演習で得点力をつけるといった受験対策を、大きく**①知識習得・理解→②活用**という二段構えで行っているものだとすると、アクティブ・ラーニング型の授業では、この①→②をミクロレベルで繰り返しているのだとも言えます。

　アクティブ・ラーニングだけで大学受験に対応できるとまでは言いませんが、アクティブ・ラーニングは受験学力をつけるための学習と相反するものではありません。

4

学校・自治体での先進事例

学校での先進事例 ❶
管理職として「アクティブ・ラーニング」にどう向き合うか

岡山県立林野高等学校　校長　三浦　隆志

　2012年8月28日、文部科学省の中央教育審議会から「大学教育の質的転換」に関する答申が出された。その中で、「従来のような知識の伝達・注入を中心とした授業から、教員と学生が意思疎通を図りつつ、一緒になって切磋琢磨し、相互に刺激を与えながら知的に成長する場を創り、学生が主体的に問題を発見し解を見いだしていく能動的学修（アクティブ・ラーニング）への転換が必要である。」と記されたことが、そののち私たちが「アクティブ・ラーニング」を認識する最初であったと考えている。当時、京都大学の溝上慎一氏、東京大学の中原淳氏ら、学習理論や学生・社会人のキャリアパスについて研究しておられる方々やキャリア教育や授業改善を実践している高校の教師らによって、学生や生徒の主体的で継続的な学びについて「発信」が行われていた。

　その後、2014年11月20日、当時の下村博文文部科学大臣から中教審に対して、学習指導要領改訂に向けての諮問が出された。その中で、新しい時代に必要となる資質・能力の育成に関して、知識の質や量の改善とともに、「学びの質や深まりを重視し、課題の発見と解決に向けて主体的・協働的に学ぶ学習（いわゆる「アクティブ・ラーニング」）や、そのための指導の方法等を充実させていく必要がある」とされた。つま

り、次期の学習指導要領は、資質・能力を育成する面から、深く、主体的・協働的な学びを中心とする教育活動が重視されることが明示された。このことを契機として「アクティブ・ラーニング」という用語が広く認知されるようになった。2015年度、高校の現場においても、アクティブ・ラーニングとは何か、アクティブ・ラーニング型の授業について、広く取り上げられるようになり、多くの教師がアクティブ・ラーニングに関する研修やセミナーに参加する姿が見られるようになった。

　今年度に入って、その流れは一層加速し、多くの書籍が出版され、長期休業中の研修やセミナーの案内では、アクティブ・ラーニングをテーマとしたイベントがあちこちで開かれ、関心の高さがうかがえる。この間、中教審の高大接続に関する答申、それを受けての文科大臣決定による高大接続実行プラン、次期学習指導要領を検討する中教審教育課程企画特別部会での審議等において、「主体的な学び」「対話的な学び」「深い学び」の実現を目指す授業改善の視点が広く周知されるようになった。このことが教師にアクティブ・ラーニングに対する関心を高めた大きな要因になっている。

　本稿では、管理職の視点から、「アクティブ・ラーニング」とどのように向き合い、継続的に教育活動の中に組み込んでいけばよいかについて、3つの点から述べてみたい。私は2015年度までの2年間、岡山県立玉島商業高等学校で、2016年4月から現任校で校長職を務めている。具体的に、玉島商業高校では、「アクティブ・ラーニング」の考えを教職員にどのように導入するかで腐心した。そして、現在の林野高校では、かなり以前から授業改善に取り組み、成果を上げつつある中で、さらに教育活動の充実を図るべく、取り組んでいることを述べてみたい。さら

に、最後にいくつかの課題を挙げてみたいとも思う。

「育てたい生徒像」の明示と学習活動のリンク

　ひとつ目には、高校全体の教育活動の中で、「アクティブ・ラーニング」をどのように位置づけるかである。

　高校の教育活動の中核は授業である。これまで専門性の高い高校の教師による優れた実践によって、高校教育の質は堅持されてきた。戦後の高校教育は、一貫して広汎な知識や専門的なスキルの習得を中軸にしてきたことによって、特に高度経済成長期から21世紀初頭まで、社会が求める人材育成のニーズに一定の役割を果たしてきた。ところが、21世紀に入り、グローバル化や情報通信技術の進展、少子高齢化など社会の急激な変化に伴い、私たちは高度化、複雑化する諸課題への対応を迫られるようになってきた。

　そして、多様なベクトルが同時に存在し、交錯する変化の激しい時代の姿が具体的に想定されるようになると、社会は幅広い知識を柔軟な思考力に基づいて、知識を活用し、付加価値を生み、イノベーションや新たな社会を創造していく人材や、国際的な視野を持ち、個人や社会の多様性を尊重しつつ、他者と協働して課題解決をする人材を求めつつある。つまり、高校の教育改革は、このような状況を背景に、従来の知識の習得を重視する受動的な学びから、新しい時代に求められる資質・能力の育成を重視する能動的・主体的な学びへ転換を図ることについて議論されている。さらに、前述の学力観の転換を図る議論をふまえて、授業について考えると、都市部の生徒数が多い大規模な高校から、中山間地域

の小規模の高校まで、それぞれ置かれた状況が異なり、授業観も多様にならざるをえない。

　そのような多様な授業観の中で、高校での生徒の学びを豊かに、具体的に進める方略として、「〇〇が～できる」とか「〇〇の力を身につける」という観点から「育てたい生徒像」を明示し、そのことを全教職員で共有したうえで、教師全員がどのような学習活動・教科指導を展開するかを組織的に検討し、学習指導の改善を通じて、生徒の主体的な学びを実現しょうとするものである。つまり、「育てたい生徒像」から、教科目の目標や特徴をふまえた質の高い学習指導を展開するうえで、「アクティブ・ラーニング」の視点を位置づけようとするものである。

　今から約2年前、私が赴任する直前、玉島商業高校は岡山県教育委員会から、携帯情報端末を学習活動にどのように活用するかをテーマにした研究指定を受けていた。指定を受けるにあたって既に具体的な取組内容を提出していたが、やや唐突な部分が散見されたため、この研究によって「（玉島商業高校の）生徒にどのような力をつけるのか」という観点から取組内容の再検討をお願いした。商業の専門学科ということで、それまでの専門的な知識やスキルの習得に重きを置いた学習から、携帯情報端末を生徒が利用する授業の開発やその実践に取り組んだ。

　この研究を通じて、顕著な学習改善に至らなかったものの、これからの社会で活躍する資質・能力が確実に育まれていることが確認された。そして、この研究が教職員全体で取り組む方向性の中で行われたため、翌年には、研究を発展させて、学校を挙げての「アクティブ・ラーニング」の研究、さらには、ICT機器を用いた新たな学習方法の研究に進展し、今日に至っている。

この「育てたい生徒像」については、各高校が公表している「学校経営計画書」の中に記されているケースや、そのことを示すキーワードが表現されているケースが見られる。さらに、3年間に渡って系統的な「育てたい生徒像」と具体的なカリキュラムを考えると、各学校における「カリキュラム・マネジメント」の一部に当たることを付け加えておきたい。

「言語活動」を伴う授業とその展開

　2つ目に、「アクティブ・ラーニング型の授業」のみに注目するのではなく、主体的・対話的で深い学びを実現する授業を実現するにはどうするかである。

　従来からの「何を知っているか」という授業観で、教師の一方的な説明を通じて、個人として知識を習得し、積み上げていく授業から、「○○が〜できる」とか「○○の力を身につける」という観点から授業を考えた場合、到達目標から逆算した授業デザインが必要となる。つまり、学習指導要領をふまえて、テキストである教科書から、単元全体の学びや、単元を構成している1時間、1時間の授業における学びを、どうデザインするかである。言い換えると、現行の高校学習指導要領の総則に記されているように、授業では、基礎的な知識や技能の習得の上に、生徒の言語活動を伴う協働的な学びを通じて思考力・判断力・表現力を育み、到達目標にたどり着くことが大切なのである。そこで、教師は生徒の活動を単にデザインするだけでなく、その活動の内容を豊かにする教師の「問い」が極めて重要である。この「問い」とは、頭の中に覚えていることを単に再現させる「質問」ではなく、生徒が持っている知識を

総動員して、その頭の中を駆けめぐらせるようなものである。その際、グループやペアというような形式を用いて、生徒同士が対話することによって、生徒の考えが擦り合わされ、新たな考えが生み出されて、解答にたどり着くことをゴールとしている。

　このような授業を展開するには、教師が協働して授業のデザイン案を開発して、蓄積していくのがよいと思う。現行の高校学習指導要領では、「各教科・科目の指導に当たっては、教師間の連携協力を密にするなど指導体制を確立する」と謳われており、教科・科目を指導するうえで、形態としてだけでなく、「どのように指導するか」「どのような力をつけるか」をテーマに、教師同士が協働して対話を繰り返し、授業のデザイン案を開発する体制を確立することが重要である。

　今から少し前になるが、九州地方のある高校に伺い、数学の授業を拝見する機会があった。授業そのものも、ペアワーク等の活動を取り入れ、すばらしい内容であったが、授業を進める上で開発されたプリントがたいへん吟味されたものであった。そのプリントは、年間指導計画に基づいて、いくつかの時期に分けてまとめて作成され、単元やひとつひとつ時間の目標、予習・授業・事後の学習内容、特に教師から発せられる「問い」が十分吟味されたものだった。このプリントがどのように開発されてきたかを、先生方にインタビューしてみると、何年も前から、さまざまな教師が作った原案を数学科全体で何度も検討して作り、さらに何年も実施して修正を繰り返し、そして今日のものがあると回答してくださった。数学の授業の質だけでなく、教師の力量を上げる良い実践例と考えられる。私は、教科・科目の専門性を重視する高校の学習において、全体をデザインすることも重要であるが、このようなことができるポイントは、

授業の中で教師から発せられる「問い」ではないかと考えている。実際、広島県の各学校では、教師の「問い」の力を向上させることを目指して、カナダで実践されている「ICEモデル」(Ideas（考え）、Connections（つながり）、Extensions（応用）を基本とした評価モデル）を取り入れ、授業改善に取り組んでいる。

このような取組によって、生徒には、イギリスの社会学者のバジル・バーンステインが指摘した「２つの力」、つまり、何を学ぶのかを適切に理解する「認知ルール」と、問われたことをその場でふさわしい方法で発言したり書いたりすることができる「実現ルール」が習得され、さらに対話による学びによって、その力は豊かなものになっていくと考えられる。そして、このような生徒が身につける「２つの力」のあり方は、学校によって「最適解」が異なることも押さえておく必要がある。

さらに、各教科・科目で主体的・対話的で深い学びを実現する授業が行われるようになると、横断的に取り扱う「総合的な学習の時間」や専門学科の「課題研究」は、学校のあり方等に応じて、生徒たちが、各教科・科目で育まれた知識や技能、思考力・判断力・表現力等を相互に関連づけ、問題の解決や探究活動を協同的に行う学びが多様に実践されていくと考えられる。このことは、次期の学習指導要領で、実社会・実生活から自ら見出した課題を探求することを通じて、より自分のキャリア形成の方向性を考えることを目標のひとつとして検討している、「総合的な探究の時間（仮称）」として展開されてくことであろう。

評価についてどのように取り組むか

　3つ目には、評価に関する理解を学校全体で進め、どのように取り組むかである。

　現行の学習指導要領では、「生徒の良い点や進歩の状況を積極的に評価するとともに、指導の過程や成果を評価し、指導の改善を行い学習意欲の向上に生かすようにすること」とある。ここから、私は「評価」を考えるうえで2つの側面があると考えられている。ひとつは、生徒の学習の到達度を正当に評価する点で、もうひとつは、教師によってデザインされた授業が目標どおりの結果に至ったかを評価する点である。

　「どのような力をつけるか」という到達目標から逆算して授業をデザインすることを考えると、それぞれの授業で目的どおりの力がついたのかを評価する必要がある。場合によっては何らかの支援が必要になるかもしれないからである。それは、高校ではペーパーによる小テスト、大学等ではクリッカーによるミニテストあたりが一般的かもしれないが、授業内容によっては、他の評価方法も知っておくべきであろう。玉島商業高校では、マーケティングの授業等の目標として、プレゼンテーションを実施する際、教師がパフォーマンス評価を行うが、時に教師が作成したルーブリックを用いて生徒同士が互いにパフォーマンス評価を行って、評価の意味を生徒に伝えることがある。

　また、広島大学の田中宏幸先生のアドバイスから、授業後にリフレクションとして、単に感想を書かせることから、目標に準拠して、「今日の授業のなるほど」を生徒に表現させることで、定性的な評価を試みたこともある。このように考えると、もうひとつの、教師によってデザイン

された授業が目標どおりの結果に至ったかどうかを評価する点ともリンクしていることが分かる。林野高校では、以前から逆向き設計による授業づくりに取り組んでいるが、その中で、生徒の学習到達度と教師の授業デザインの成果を評価するために、OPPAに取り組んでいる。OPPAとは、One Page Portfolio Assessment の略で、一枚ポートフォリオ評価と訳される。山梨大学の堀哲夫先生が、小学校の教科教育の研究から体系化されたものである。OPPAとは、教師のねらいとする授業の成果を、教師が単元で一枚作成したOPPシートに、生徒が授業前・中・後の学習履歴を記入し、自己評価させる方法である。つまり、学習活動を通じて生徒がOPPシートに記入し内化・内省・外化したことを、生徒の学習到達度と教師の学習デザインを確認するものなのである。林野高校では、大きく授業の設計・授業の展開・評価の流れは出来ているが、その中身については、さらに検討を続けていく必要があると考えている。

　以上のように、アクティブ・ラーニングを論ずるうえで、2つの側面を持つ「評価」に関して、学校全体で理解し、より生徒や学校の実態にあった方法について取り組むことが、生徒の学びをさらに豊かにしていくだろう。また、「評価」に関する実践が公表されれば、高校の教師による授業デザインの改善が進むのではないかとも思っている。

生徒の豊かな学びを継続的に支援していくために

　管理職の立場から、「アクティブ・ラーニング」とどう向き合うのかについて、3つの点を取り上げてきた。現在、「アクティブ・ラーニング」は、どんな授業であるかという段階から、高校の教育活動にどのように

位置づけ、生徒の学びをどのように豊かなものにしていくかということを考えるフェーズに入っていると思う。そのように考えた場合、私が示した３点以外にも課題がある。

　例えば、小中学校の学びと高校の学びの連続性をどのように設計していくかである。これまで小中学校では、「アクティブ・ラーニング」が登場する前から、言語活動を取り入れた授業を、子どもたちの発達段階に応じて実践し蓄積してきた。次期の学習指導要領では、「アクティブ・ラーニング」という観点から、さらに多様な言語活動を体験してきた子どもたちが高校にやってくることが想定される。このような状況を理解したうえで、小中学校の学びとの連続性を、我々はどう実現していくのかである。

　小学校の社会科教育の研究者である北俊夫先生が、「子どもが活動していれば、アクティブ・ラーニングだと思いがちであるが、そうではない。ラーニング（学習）として成立していなければ、授業とはいえない。授業として成立するとは、子どもたちが学習の目的意識をもち、主体的、協働的に学ぶことを通して、社会科の目標や内容を効果的かつ確実に実現させることである。そのためには、アクティブな活動を促すだけではなく、子ども一人一人の頭や心の中をアクティブにする必要がある。」と述べるように、小中学校においても、今後、さらに本質的な「子ども一人一人の頭や心の中をアクティブにする」学習が展開されるだろう。その点をふまえて、生徒の豊かな学びを継続的に支援する「アクティブ・ラーニング」を考え続けて行くことが、管理職としての大きな課題になっていくと考えている。

学校での先進事例 ❷

AL型の授業や
カリキュラムマネジメントを推進する

和歌山県立桐蔭中学校・桐蔭高等学校　校長　岸田　正幸

　校長室の入り口近くに、私が1年中吊り下げているオレンジ色のポロシャツがある。その背には、「昔習ったことで飯を食うな！」の文字。私が最近、若い教員を中心に言い続けている言葉で、あるイベント時に彼らが作ったシャツである。教員生活も5年経験すれば、それなりに授業はできるようになる。そして、それなりの授業でよいのなら、その経験で「飯が食える」。けれども、この程度の経験で授業をこなすようになった教員は、やはりそれなりの教師でしかない。

　一方、優れた教員に共通している資質は、今ある自らの授業に満足せず、いくつになっても学び続ける姿勢を持っていることである。その意味で、教師というのは、極めて自律的な職業と言えるだろう。特に授業づくりにおいては、自らの責任と良心に基づき、どのような改善を加えていき、そのために何を学ぶか、このことが極めて重要となる。本校の教員もそうした自覚を持ち、学校全体として質の高い授業を求めていこうとする雰囲気を作り、どう根付かせていくか。これが私の学校運営上の重要な課題であった。

　ここでは、アクティブ・ラーニング（AL）型の授業やカリキュラムマネジメントを念頭に置きながら、質の高い授業づくりのための学びの文

化をどう醸成していこうとしているか、その取組の経緯を説明していきたい。

学校でどの様にALを捉えているか

　そこでまず、ALを学校としてどう捉えているかである。

　学校で私は、本校に勤める者の責任として、より質の高い授業をめざし、生徒に提供していこうと常に呼びかけている。ALとは、詰まるところ質の高い授業の中にあると考えるからだ。

　では、質の高い授業とは何か。私は、次の２つの視点から判断することにしている。ひとつは「生徒が集中して授業を受けているか」、もうひとつは、「その授業のねらいが達成されたか」である。これらは単純でごく当たり前の視点ではあるが、ひとつ目は、意欲を持ち学びに向かう力、つまり、「アクティブ・ラーナーであるか」と同義であり、２つ目は、ALがなぜ求められるようになったのかという基本的な考え方に立ち返れば、その視点の確かさが理解できる。すなわち、学力の３要素のうち、日本の教育は基本的な知識・技能というひとつ目の要素を定着させてきたことには定評があるが、２つ目や３つ目の要素は、本当に力を付けられたかという点で、甚だ心許ない状況にある。そして、この心許なさを踏まえて、学び方に対する課題意識が生まれ、ALの導入が求められていったことは周知の通りである。したがって、「授業のねらいが達成されたか」という視点は、授業のねらいとして、学力の３要素の育成が意識され、とりわけ主体的・協働的な問題発見や課題解決能力をねらいとしたものであるなら、既にＡＬ型の授業がなされていると考え

てよい。そして、こう考えれば上記の2つの視点こそが、質の高い授業であると同時に、ALを意識した授業が展開されているかどうかを見極めるポイントにもなる。そこで、AL型の授業をしようとは言わず、この2つの視点を大事にしようと言ってきたのである。なぜなら、「AL型の授業をしよう」という呼びかけは、多く指摘される「型から入る授業」に陥る恐れがあり、AL導入の根拠となった本来的なねらいがむしろ達成されにくいと考えたからである。「総合的な学習の時間」の先例を出すまでもなく、パターン化された内容や型の授業は、本質的なねらいを置き去りにして、数多くの薄っぺらな実践事例が積み重ねられてきた過去を私たちは経験してきたはずである。したがって、AL型の授業の取組は、伝達型授業からAL型授業への転換、あるいは授業の中にALを多く組み入れようといった、個々の授業の有り様に焦点化したものにしない方がいいと思っている。

　特に高校においては、小・中学校、とりわけ小学校と比べて授業研究に取り組む研修体制がとられてこなかったことは従来から指摘されてきたところであり、高校教員は、学習指導要領さえ読んでいないのではないかと揶揄されてもきた。ただし、これにはそれなりの理由があったのも事実である。小学校教員の仕事が、学級運営と授業中心であるのに比して、中学校や高校、とりわけ高校は、学級運営や授業に加えて、部活動に相当力を入れて取り組んでいる教員が多く、進路、生徒指導といった分掌業務も含めて、求められる専門性または力量を発揮する分野が多岐にわたっている。また、大学入試によって指導内容が硬直化せざるを得ないといった都合のいい言い訳ができたこと、あるいは、高校レベルになれば、他教科のことは分からないということを根拠にして、学校全

体として授業のあり方について共に学ぼうといった環境が生まれにくいといったことがあった。

したがって、こうした環境にある高校に、ALの導入だけを声高に呼びかけても、一時的には個々の教員レベルでの取組が進むだろうが、学校全体あるいは高校全体として、授業のあり方を変える力にまでなりにくいのではないかという危惧もあった。

それよりも、授業の質の高さを学校として常に求めていくといった授業改善システムや教員の意識改革について、組織として取り組む体制を構築し、そうした環境の中で、教員の自律的な授業改善への動きを活性化させる。そうすれば、自ずとAL型の授業がそこに内在していくことになるし、いわゆる進学校として学力を高め、生徒の進路実現を図るという本校のミッションを果たすことにもつながる。そうした意味で、むしろ腰の据わった取組になると考えたのである。

質の高い授業を目指す学びの文化をどう醸成するか

さて、学校全体で質の高い授業を目指す学びの文化醸成をどう進めたかについて言及していきたい。

私は、本校に赴任して2か月経過した頃から、学校運営上の私の考えや思いを綴った「校長メール」を全職員に10日に1回程度送付してきている。理由は大きく2つある。赴任した年から文科省の研究開発学校としてキャリア教育の取組が本格的に始まったということ。もうひとつは、教員は授業が命であるのに、どうしても高校での授業改善が進みにくいということ、冒頭の言葉で言えば、「経験で飯を食いがちである」と

いうこと。この2つの課題を前に進めるためには、単に「取り組みましょう」といった呼びかけではなく、なぜそれが必要なのかも含めて、校長としての思いを、じっくりとそして誠実に教職員に語ることから始めなければならないだろうと考えたのである。「伝統」とは、暗黙知の継承であるとするなら、常に質の高い授業を求めていこうとする組織としての意識が、暗黙知として学校にあるようになるまでには、具体的な取組を積み重ねていくことが不可欠であり、繰り返しその必要性が語り続けられなければならない。「校長メール」は、そうした意味で、新しい伝統を作る暗黙知となり得る基礎的な情報を提供できるのではないかとの考えがあった。

　赴任して約3か月後の第5回校長メール、ここでは、一連の取組の核となる「桐蔭ST（スタンダードテスト）」の必要性を説いている。

　大学改革が本格的に動き出している。大学ではディプロマ・ポリシーを明確にし、そこで求めている力をつけるために、どのような指導計画を立てるかが問われている。その際、明確にした最終的につけたい力を念頭に置きながら、逆算してどのような教育活動を構成するか、「バックワードカリキュラムデザイン」と呼ばれる取組が大学でも行われつつあることを例に出しながら、すでに作成を提案していた桐蔭ＳＴもこの考え方と同じであると訴えた。すなわち、1年間の各教科指導において、年間指導計画に落とし込んだ各単元指導を重ねていけば、こんな力がつくだろうといった予定調和的な考えではなくて、ディプロマ・ポリシーのように、各教科で1年間かけてつけたい力を予め明確化し、可視化しておく。そうした1年間の授業を通してつけた力を確認する具体的なものが、桐蔭ST、本校独自の確認テストである。そして、このつけたい力を指導者が共有する意味でも、今年度末までにみんなで作り上げようで

はないかと呼びかけた。

　私と担当教頭が、何度も各教科ごとの桐蔭ST作成会議に入り、議論を重ねた。1年間を通して教える数多くの単元指導の中で、テストには何をどの程度配列するのか、教えた内容と有機的な関係をもった問題とは何か、レベルをどれぐらいに設定するのか、何度も検討を重ねる中で、徐々に共通理解と共有化が生まれていった。

　次に「校長メール」で必要性を説いたのは、桐蔭FD（Faculty Development）会議についてである。FDとは、教員が授業内容・方法を改善し、向上させるために行う組織的な取組の総称で、大学ではFD委員会の設置が義務づけられている。ALは本来、大学の講義において求められ、AL型の講義への転換を進めるための組織としてＦＤ委員会があるということを考えても、学校全体として質の高い授業を模索していくには、これを支える何らかの組織が必要であると考えてきた。

　桐蔭ST作成作業を続けながら、FD会議の役割を議論し、赴任2年目からこの組織（ただし会議は全員参加）を立ち上げた。また、新たな負担を考慮し、月に2〜3回程度の職員会議をスリム化し、桐蔭FD会議を月に1、2回程度実施することとした。

　桐蔭FD会議の仕事は、次の4つである。
- 桐蔭STの分析とそれに基づく授業改善視点の検討
- カリキュラムバックワードデザインに基づく年間指導計画の作成と、桐蔭STで求めている力を達成するための各教科の研究テーマの設定
- 各教科の研究テーマに基づくFD研究授業の実施と、テーマにこだわらない日常的なFD研究授業の実施
- 授業の質を高めるための校内研修の開催と、外部の講師等を招いての研修会の実施

「桐蔭FD会議」の具体的な仕事①

　ここで、順を追ってこの桐蔭ＦＤ会議の４つの仕事の具体的な姿を示し、そこに内在するAL型の授業について説明していきたい。

　ひとつ目は、桐蔭STの分析とそれに基づく授業改善の視点についてである。

　１年間の授業を終え、年度末に実施した（一部の教科は年度当初）桐蔭STは、小問ごとのデータに基づき、各教科担当で分析する。その結果と必要となる授業改善視点について７月のFD会議で報告をする。桐蔭ST問題はすべて回収し、毎年同じ問題を使用することにしているので、分析は経年比較も可能である。

　例えば、理科の分析では、物理分野の合計点の高得点者層と低得点者層との間に、他の単元に比べ「運動方程式」単元の正答率に大きな差がみられた。一方の正答率は９割以上あるのに対し、もう一方は１割以下だったというのである。早速、この分析結果を基に検討が加えられ、翌年の当初から、この点に着目した授業計画が立てられた。そして、この単元理解に力をいれるのはもちろんのこと、低得点者層も含めた確実な定着のための授業のあり方についての研究を進めるといった提案がなされた。また、提案文には、「物理の教員が集まり議論する中で、鍵となる概念のより良い指導法を模索していく」との記載もあり、こうした一連の取組の中で、AL型の授業が当然のこととして模索されていくことになる。

　また、２つ目の年度ごとの各教科の研究テーマについては、年度当初のFD会議で報告し、１年間取り組んだあと、年度末にその成果と課題

について報告することとしている。

　研究テーマの設定に当たっては、焦点化した小さなテーマを選ぶこと、そして、取組の成果ができる限り可視化できるようにすることという注文をつけた。なぜなら、一般的に見られるような、例えば「論理的思考力を高めるための授業研究」といった研究テーマは、抽象的なテーマのいわば「箱」の中で、教員独自の理解に基づく多様な授業が展開され、結果としてポートフォリオ的な活動記録をもって成果とせざるを得ない状況になりかねない例をいくつも見てきたからだ。

　それよりも、小さいテーマであっても、何をすべきかが明確で、確実に成果が見られるテーマを設定して欲しい旨の話をし、教員間の共通理解を図った。

　例えば、国語科では、古典を読む力をつけるための研究に取り組むこととし、「本校1年生に、枕草子○○段程度の古典文章を自力で読解できる力をつけるために、どんな授業計画を立て、どんな授業をしていけばよいか」といった極めて現実的なテーマを立てた。

　それには、これまでより多くの古典の文章に触れさせる必要がある。そこで、年間授業計画を立てるにあたり、1年間で取り上げる教科書作品の指導事項の重点化を図るとともに、古典文法の指導事項を改めて体系化し、これにより確保した時間を使って古典作品を多く読ませるいわゆる多読指導を年間10時間（本校は65分授業）程度組み入れることにした。実際の授業では、担当者教員が共通理解をした上で、4人グループの生徒が協議しながら読解を進める形を考え、ALを取り入れた授業となっている。また、本年度は2年次でも継続した指導を行っており、古典授業におけるAL型授業のひとつの形を模索している。

「桐蔭FD会議」の具体的な仕事②

　3つ目は、年間の研究テーマに基づくFD研究授業とテーマにこだわらないFD研究授業についてである。例えば、数学科では、2016年度から1年生を対象とした「数学指導における『桐蔭スタイル』の構築」を研究テーマとして取り組んでいる。具体的には、自宅学習を前提とした発展的内容に重点を置いた指導、あるいは、4人グループで考える「演習」を取り入れた授業である。ここにもALを意識した授業が日常的に展開されている。また、英語科では、「多読速読力を養成する授業研究」を、社会科では「知識を関連づける分析的思考力の養成」をテーマに、AL型の授業を意図的に組み入れた研究を行っている。

　また、各教科の研究テーマ以外でも、日常的にFD研究授業と称した公開授業を行っていて、FD会議発足2年目の2016年度は、週1回程度、どこかの教室で研究授業が行われている程度にまでなってきた。

　さらに、4つ目の研修会の開催については、授業改善の内容の他、教育相談や特別支援教育に関する研修会など、どのような内容のものでも教員として学ぶ必要のあるものは、すべてFD会議の一環と位置付けて行おうとするものである。

　冒頭から述べてきたように、質の高い授業を模索していく姿勢を学校の文化にまで醸成していきたい。そして、質の高い授業の決め手となるねらいを明確にし、生徒が集中して取り組む授業を展開すれば、AL型授業は、自ずとそこに生まれてくるというのが、私の考えである。そのためには、授業のあり方について常に問い続ける姿勢、それを支える環境が学校組織になければならない。

そのための仕掛けとして桐蔭STを作成し、桐蔭FD会議を立ち上げた。本格実施から２年目、まだ学校文化として醸成してきたとまでは言えないが、FD研究授業をし、各教科の状況も把握し、学校全体として授業改善を行っていこうとする空気感は生まれつつある。ただし、まだ管理職主導でこの取組が動いてきたことは否めず、これを分掌レベルでの取組として継続できるようにするのが当面の私の課題である。そこで、そのための議論を校内運営委員会でも開始した。

　高校における授業改善の取組は、これまでは学校の取組姿勢によって大きな差が見られた分野である。けれども、新しい学習指導要領の議論や高大接続システム改革会議の議論には、すべての高校に本格的な授業改善を求めていくというメッセージが込められている。ALとは、それを牽引するひとつのツールであり、本質的には、変容しがたい高校の授業をどうするかということにあると考えている。こうした動きに対して、私たちは、どうせ大学入試などそう簡単に変わるものではないだろうなどと斜に構えず、真っ向から向き合い、こうした取組を進める。これが今、高校に求められていることであると考えている。

学校での先進事例 ❸
学校全体でアクティブ・ラーニングを推進するために

岡山県立和気閑谷高等学校　校長　香山　真一

管理職はアクティブ・ラーニングをどのように捉えるか

　「アクティブ・ラーニング」は能動的・積極的な学びのことであり、主体は学習者である。

　学習者を主体とした学びについて、古典に「学びて思はざれば則ち罔し、思ひて学ばざれば則ち殆し」、「学びて時に之を習ふ。亦説ばしからずや」(『論語』)とあり、教えられたことを能動的・積極的に学んで身につけ、考えを深める喜びの一方で、教えにとらわれて能動的・積極的な学びに至らない、あるいは教えを請わず独善的な考えから抜け出せない危うさ、すなわち、知識を網羅的に教えられる中で学習者が自らの思考や省察を省いてしまう、あるいは活動的、主体的な思考は見られても学びが深まらないことが語られる。しかも、この古典は師と弟子との対話的な問答として著されている。「アクティブ・ラーニング」は、教育の不易の課題である。

　では、なぜ「アクティブ・ラーニング」が流行として注目されるのか。次期学習指導要領に「アクティブ・ラーニング」が明文化されるか

らであることはもちろんだが、これまでの教育が焦点化しなかったいくつかの原理的な視座に気付かせてくれるからである。

構成主義の学習観

現実は人が世界と関わることを通して社会的に構成されるという構成主義の考え方に基づき、学習は、教える者から学ぶ者への知識の単なる移行ではなく、学習者が主体的に既知と未知との葛藤や調節という相互作用を経ながら既知を組み替えて知識を構成していく（意味を創り出していく）プロセスであるという学習観に立てば、

・知識をもつということは、単にその知識のラベルを暗記することではなく、多面的・多層的な意味の網の組み替えである。
・学習者自身が知識・技能を活用して外化し、省察する過程があることで内化が促される。
・学習者の学びのプロセスやニーズは違うので、発達の連続性を個々に保障する必要がある。
・学習は協同的であるので、課題を介して学習者同士の関係づくりを促すことで学びが深まる。

等々の原理が見えてくる。

発達の最近接領域

発達の最近接領域とは、1人で学習できる課題のレベルに最も近接する、他者（仲間や教師、学校外の方等、テクスト）との対話や協力（いわゆる足場掛け）があれば克服できる課題のレベルの領域のことであるが、他者との対話や自己内対話のプロセスで知識の組み替えが進み、学習が深まることから、他者との対話や自己内対話の機会を意図的・計画的に組織化することで効果を期待できる。

真正の評価

　集団準拠の偏差値による評価の功罪を認識した上で、目標に準拠した評価観に基づいて、習得した知識や考え方を活用した見方・考え方を能動的・積極的に働かせて、問題を探究したり、自己の考えを表現したりする資質・能力を評価する必要がある。それにはペーパーテストだけではなく、発問への応答、意見を聴き合い支え合う能動性の観察はもとより、レポート、実験、実技、実演等のパフォーマンスをルーブリックで評価することが効果的である。また、学習者個々の学びの履歴をポートフォリオとして評価することも有効である。ポートフォリオによって個人内評価を充実させることにより、学習者のメタ認知力はもとより意欲と感性が刺激されるにちがいない。

　その際に、真正の（オーセンティックな）評価という視座が鍵となる。テストがあるから勉強するといった受動的な動機づけではなく、現実生活において特定の問題を解決するために特定の文脈で必要とされる知識や技能を活用するパフォーマンスを評価することによって、学びが社会的に有益である（教育内容の社会的レリバンス）という内発的な動機づけを与えることができる。

逆向きの計画

　教育活動のゴールである「めざす生徒像」（生徒に身に付けさせたい資質・能力等）のビジョンをまず言葉にし、それを実現するための方策・計画を立て、実現度を見取る評価法を教職員全員で共有して実行していく、逆向き設計（バックワード・デザイン）を原理とする。授業における毎時の目標とそれを実現する手順、実現度の振り返り（省察）という授業構成も同じ原理である。教師の教えたい論理展開

からではなく、学習者の学びの到達点（山場）から逆算して授業を創ることによって学習者は学習を受け身ではなく、我が事としていくようになる。

主体性・対話性・学びの深さ

　「アクティブ・ラーニング」という言葉が創られていく経緯にも重要な視座が含まれている。公的な文書に最初に書かれたのは、中教審のいわゆる「質的転換答申」（2012年）の「従来のような知識の伝達・注入を中心とした授業から、教員と学生が意思疎通を図りつつ、一緒になって切磋琢磨し、相互に刺激を与えながら知的に成長する場を創り、学生が主体的に問題を発見し解を見いだしていく能動的学修（アクティブ・ラーニング）への転換が必要」というくだりであった。これに続くいわゆる「高大接続改革答申」（2014年）では「課題の発見と解決に向けた主体的・協働的な学習・指導方法であるアクティブ・ラーニングへの飛躍的充実を図る」と具体化した。

　そして、次期学習指導要領を検討する中教審教育課程企画特別部会の「論点整理」（2015年）では、「特定の型を普及させることではなく、下記のような視点に立って学び全体を改善」することを目指すとして、「主体的な学びの過程」「対話的な学びの過程」に加えて「習得・活用・探究という学習プロセスの中で、問題発見・解決を念頭に置いた、深い学びの過程」が取り立てられ、「審議のまとめ」（2016年）では「『学び』の本質として重要となる『主体的・対話的で深い学び』の実現を目指す授業改善の視点が、「アクティブ・ラーニング」の視点」であるとし、「①学ぶ意味と自分の人生や社会の在り方を主体的に結びつけていく『主体的な学び』、②多様な人との対話や先人の考え方（書物等）で

考えを広げる『対話的な学び』」、③各教科等で習得した知識や考え方を活用した「見方・考え方」を働かせて、学習対象と深く関わり、問題を発見・解決したり、自己の考えを形成し表したり、思いを基に構想・創造したりする『深い学び』」として、授業の単なる手法を指すのではなく、主体性・対話性・学びの深さという教育の原理的な視点が示された。

　この3つの視点こそ「アクティブ・ラーニング」に関する懸念を克服する重要な視座である。探究心に火をつける学習課題との出会いによって学習を我が事として能動的・積極的に取り組むアクティブ・ラーナーが誕生する。古典に「人は二度生まれる。一度は存在するために、二度目は生きるために」（『エミール』）とあるが、よく生きる在り方生き方の発見に誘いたいものである。

アクティブ・ラーニングを学校全体で推進するための組織づくり

(1)「めざす生徒像」のビジョン

　年度当初に教職員全員で共有する学校経営計画の緒に、どのようなアクティブ・ラーナーを育成したいかについて「めざす生徒像」を言葉にし、それを実現するための方策等を考えるという逆向きの計画を、前年度に組織的に時間をかけてつくる。

　本校では、「めざす生徒像」に仁恕の心、自己指導能力、探究心等のキーワードを挙げている。そして昨年度からは、学校経営計画書を作成するにあたり、校内の運営委員会だけでなく、学校評議員や近隣の中学校長等で構成する高校魅力化推進協議会にも参画していただき、「めざす生徒像」を実現するための方策等について熟議している。

(2) ビジョンを実現する方策

①組織と主管

　計画立案・実践運営・評価省察を担う担当部署を決め、責任者も明確にする。本校では、「学力を伸ばす」主管である教務課長（教務主任）の下に「研究主任」を新設してリーダーとした。

②評価と証拠

　「めざす生徒像」をどの程度実現したか、どんな証拠（エビデンス）をもって認知できるか、ゴールの姿を学期毎、年度毎に言葉にし、その実現に向けて組織的に取り組む。

　本校では、まず、単元や毎時の授業の目標とそれを実現するための学習の手順、実現度の振り返り（省察）という三点構成を"授業の額縁"として、全員で取り組んでいる。毎時の目標は、何を知るか、何ができるようになるかだけでなく、知ったことを使えるようになる、知ったことを説明できる、といっためあての場合もある。目標の実現度の確認は、ペーパーテストだけでなく、毎時の振り返りの際に一枚ポートフォリオ（OPP＝One Page Portfolio、堀哲夫 次ページ資料参照）に、学習前の素朴概念や仮説（ａ）と毎時の学習内容のエッセンス（ｂ）、そして学習後の考察（ｃ）と感想（ｄ）等を記入させることによって生徒自身の成長実感を得やすくし、指導者はそれを証拠として意欲や主体的に学びに向かう力も含めて評価している。OPPによるアセスメントは、あらゆる教育機会の省察に有効で、本校での活用実績は多い。

資料A OPPシート（外）

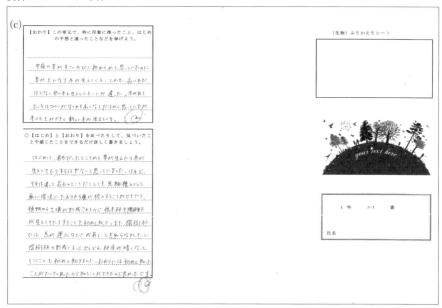

資料B OPPシート（内）

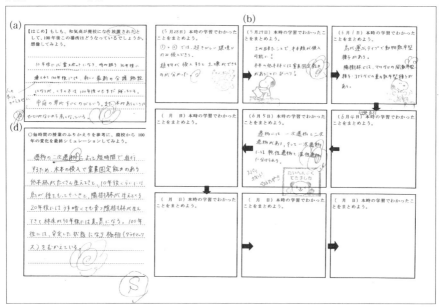

資料C OPPシート（折返した状態）

　また、今年度から、いわゆる「三者面談」の機会に、まず生徒から自分がどのように成長したか、証拠（エビデンス）も呈示してプレゼンするように全学級で取り組み始めた。ラーニング・レビュー・ミーティングも効果的な足場掛けである。

③**教育の機会**

　A）教科の授業、B）総合的な学習の時間、C）特別活動、D）部活動、E）その他、ボランティア活動等の各々の場で、「めざす生徒像」を踏まえてどんな資質・能力をつけさせたいか、目標を明示して生徒と共有し、実現を目指して活動する。

　本校では、A）教科の授業では、「習得・活用・探究」を意識した問い（学習課題）を準備し、定期考査では各科目で、既習範囲の暗記再生に終始することなく、習得した教科の知識や見方を活用し、思考力・判断力・表現力等を働かせる問いを一定程度出題し、教務課がファイリングして互いに研鑽するというしくみを創り、試行錯誤を始めた。

　また、教科指導で、多く「教えて考えさせる」手順を取るが、探究心を引き出すのに「考えて学ばせる」手順もまた有効であることから、たとえば、学校周辺のタンポポが在来種か外来種かの仮説を立てさせ、フィールドワークして観察し、結果を分析して考察させる過程で教科書等のテキストにあたる（科目「生物基礎」）等、教科書の記述に現実生活とのつながりを与えて、知識の組み替えを促進させる探究のプロセスを導入する取組も始めたところである。

　B）総合的な学習の時間（「閑谷學」）では、他者との対話の機会を拡充すべく、地域の課題発見・解決型の探究学習を軸にすえて3年間で探究心に火をつける実践の緒に就いた。副次的に持続可能な地域づくりに関わりたいという地域の担い手としての志を育てる目標も含んでいる。どんな場に置かれても改善提案する力の育成、それこそが人口減少の進む「共同体を守り、発展させることのできる学力形成」（東井義雄）だと考えている。

C）特別活動、D）部活動、E）その他、ボランティア活動等においても授業や総合的な学習の時間と同様に、逆向きの計画で明示した目標の実現に向かうとともに、学びに向かう力、主体性や協働性、自己

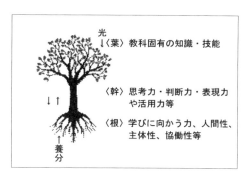

有用感、自己指導能力、等の「根っこの学力」（志水宏吉）の形成をめあてとしている。

④研修と研究

　「アクティブ・ラーニング」をめぐる豊かな視座を一朝一夕で実践に組み込み、学習者から確かな学びの手応えを得るのは容易ではない。そのために研修は不可欠であるし、それを実践に結びつける授業研究（レッスン・スタディ）は実践の過程の省察をとおして積み重ねていくしかない。いわゆる省察的実践家としての教師像である。学び手が学び手を育てると言うが、そのためには「教師自身がつねにいきいきと好奇心にあふれ、さまざまな謎に惹き付けられ、絶えず仮説の提示と反証事例によるその書き換えに熱中していること」（内田樹）が大切である。状況から切り離した知識を暗記させる教授観は、省みられる必要がある。

　本校では一昨年度の下半期から、月例の職員会議を、運営委員を核とした4～5人のグループにして協議形式に替え、協議事項はもとより報

告事項も運営委員がリーダーシップを執りながら話し合い、聴き合うかたちで運営している。教職員の現実生活につながる諸々の課題を協同的に解決していく過程を体感することによって、学び手の立場に気付くことがめあてである。これも研修として位置づけられている。

また、年度当初には、主体性・対話性・学びの深さを実現する条件として、

１）課題（達成目標）の明確化
- 学ぶに値する学習課題（本質を問う深さ）
- 必然性のある集団課題（グループにしなくてもできることを課題にしない）
- 学習の見通し（学習の手順を示すことで学習者の主体性を促す）

２）個人の２つの責任
- 個の責任（必ず個人思考の機会を設けることで安易に集団に依存させない）
- 全体への責任（自他共栄の社会をクラスに創る）

３）参加の平等性、活動の同時性
- どの生徒もこぼれ落とさない、ただ乗りさせない
- 一問一答で進む授業であっても同時に皆が考える能動性

４）本物の教材
- 教育内容と学習者のリアルな日常をつなぐ

５）評価・省察
- 個人内卓越性も評価する（学び手の成長実感を促す）

等の事柄を挙げて共有する。

そして、授業研究（レッスン・スタディ）が日常的になるように、い

つでも互いの授業を見合えることを了解し合い、定期的に公開週間を設けて、「参考になった」「自分なら○○する」「○○さんが伸びた」等の項目で付箋紙を色分けして活用し、研鑽を積んでいる。

⑤カリキュラム・マネジメント

　学校が設定する教育目標を実現するために、学習者の実態や地域の実情等を踏まえ、校内外の資源（施設・設備、予算、人材等）を活用し、学習指導要領等に基づいて編成した教育課程を実施・評価し改善していく経営の視座（カリキュラム・マネジメント・マインド）を管理職だけでなく、すべての教職員が持って取り組むことが、アクティブ・ラーニングを学校全体で推進するために欠かせない。そのためには、学校全体、教科、学年、学級等の観点から生徒の実態を把握して、日々の教育・経営活動の形成的・総括的な評価・改善を進めていく柔軟な組織を創る必要がある。

　「近き者説（よろこ）び、遠き者来たる」（『論語』）とあるとおり、目の前にいる学び手一人ひとりが、いきいきと好奇心や探究心にあふれ学び続ける学校づくりもまた楽しい難題である。

自治体での先進事例 ❶

北海道における
アクティブ・ラーニング推進の取組

北海道教育庁日高教育局 局長　赤間　幸人

中央教育審議会「次期学習指導要領改訂に向けたこれまでの審議のまとめ」から

　2016年8月、中央教育審議会は「次期学習指導要領改訂に向けたこれまでの審議のまとめ」(以下「審議のまとめ」)を公表し、「アクティブ・ラーニング」の位置付けを明確にしている。

　文部科学省は、次期学習指導要領改訂の検討内容について、昨年8月の中央教育審議会の「論点整理」を踏まえて、「『カリキュラム・マネジメント』の充実など、今からでも実施できることについてはぜひ取り組んでいきましょう。」というメッセージ(「教育の強靱化に向けて（文部科学大臣メッセージ）（2016年5月10日）参考資料より）を発しており、北海道教育委員会としては、次期学習指導要領改訂の検討状況や高大接続改革の動向を視野に入れながら、高校におけるアクティブ・ラーニングの視点からの授業改善を推進しているところである。

　まず、次期学習指導要領改訂の検討に関わる最新の資料として「審議のまとめ」の関連部分に触れることとする。今回の改訂にあたり、資質・能力の育成を目指した教育課程編成の実現が全体を貫く大きな課題

となっていることから、ここでは、「資質・能力」の育成とアクティブ・ラーニングの視点、カリキュラム・マネジメント等との関わりを述べている部分に着目して取り上げることとする。

(1)「資質・能力」の確実な育成に向けた学習指導要領の見直し

　新しい学習指導要領等には、「教育課程の編成や創意工夫にあふれた指導の充実に資するため、『生きる力』とは何かを資質・能力として具体化し、教育目標や教育内容として明示したり、教科等間のつながりを示したりしていくことが求められる」とし、資質・能力を育む観点から、学習指導要領の枠組みを大きく見直すこととし、「総則の抜本的改善」を求めている。

　「育成を目指す資質・能力」については、「全ての教科等や諸課題に関する資質・能力に共通する要素」を明らかにする必要があるとし、その要素を①生きて働く「知識・技能」の習得、②未知の状況にも対応できる「思考力・判断力・表現力等」の育成、③学びを人生や社会に生かそうとする「学びに向かう力・人間性等」の涵養の3つに整理し、これを「資質・能力の3つの柱」としている。

　この「資質・能力の3つの柱」は、「学習指導要領等の改訂に基づく新しい教育課程に共通する重要な骨組みとして機能するもの」であり、これに基づき、教育課程を「資質・能力を確実に身に付けていくことを目指す構造に改善」することとしている。

(2)「資質・能力」を育成するための「主体的・対話的で深い学び」
　　（「アクティブ・ラーニング」の視点からの学び）の実現

　「これからの時代に求められる資質・能力を身に付け、生涯にわたって能動的に学び続けたりすることができるようにするためには、子供たちが『どのように学ぶのか』という学びの質が重要になる」とし、「学びの質に着目して、授業改善の取組を活性化」するため、「主体的・対話的で深い学び」の実現、すなわち「授業改善を行うことで、学校教育における質の高い学びを実現し、学習内容を深く理解し、資質・能力を身に付け、生涯にわたって能動的（アクティブ）に学び続けるようにすること」を求めている。

　2014年11月の諮問において提示された「アクティブ・ラーニング」については、「子供たちの『「主体的・対話的で深い学び』を実現するために共有すべき授業改善の視点」であるという「位置付けを明確にすることとした。」としている。

(3)「資質・能力」の育成を目指す「カリキュラム・マネジメント」

　「カリキュラム・マネジメント」は、「全ての教職員が参加することによって、学校の特色を創り上げていく営み」であり、各学校が、「学校教育目標や育成を目指す資質・能力を明確にし、その実現に向けて、各教科等がどのような役割を果たせるのかという視点を持つことが重要である。」としている。

　また、「これからの時代に求められる資質・能力を育むためには、各

教科等の学習とともに、教科等横断的な視点に立った学習が重要であり、各教科等における学習の充実はもとより、教科間のつながりを捉えた学習を進める必要がある。そのため、教科等間の内容について、『カリキュラム・マネジメント』を通じて相互の関連付けや横断を図り、必要な教育内容を組織的に配列し、各教科等の内容と教育課程全体とを往還させる」ことが求められるとしている。

さらに、「カリキュラム・マネジメント」については、校長を中心としつつ、学校全体で取り組んでいく必要があり、「管理職のみならず全ての教職員が『カリキュラム・マネジメント』の必要性を理解し、日々の授業等についても、教育課程全体の中での位置付けを意識しながら取り組む必要がある。」としている。

(4)「アクティブ・ラーニング」と生徒指導の機能を生かした指導

資質・能力のひとつの柱である「学びに向かう力・人間性等」の涵養に関わり、「全ての教科等において育む『学びに向かう力・人間性』が整理されることにより、今後、教科等における学習指導と生徒指導とは、目指すところがより明確に共有されることとなり、さらに密接な関係を有するものになると考えられる。」としている。

また、「学習指導においても、子供一人一人に応じた『主体的・対話的で深い学び』を実現していくために、子供一人一人の理解（いわゆる児童生徒理解）の深化を図るという生徒指導の基盤や、子供一人一人が自己存在感を感じられるようにすること、教職員と児童生徒の信頼関係や児童生徒相互の人間関係づくり、児童生徒の自己選択や自己決定を促

すといった生徒指導の機能を生かして充実を図っていくことが求められる。」とし、「学習指導と生徒指導とを分けて考えるのではなく、相互に関連付けながら充実を図ることが重要」であるとしている。

北海道教育委員会の取組

　こうした国の改革の動向を視野に入れながら、北海道教育委員会では、アクティブ・ラーニングの視点からの授業改善の推進に向けて、次のように施策を進めているところである。

(1) 教科等の本質的な学びを踏まえたアクティブ・ラーニングの視点からの学習・指導方法の改善のための実践研究

　北海道教育委員会では、2015年度に、文部科学省の「課題解決に向けた主体的・協働的学び（アクティブ・ラーニング）推進事業」を実施し、函館稜北高校を拠点校、28校を協力校とし、アクティブ・ラーニングの実践研究に取り組むとともに、各種研修事業にアクティブ・ラーニングの実践的研修を取り入れ、全道のべ約2,200名の高校教員が本推進事業における研修に参加した。
　この推進事業の成果を踏まえ、今年度から２年間、文科省の「教科等の本質的な学びを踏まえたアクティブ・ラーニングの視点からの学習・指導方法の改善のための実践研究」に取り組んでいる。本実践研究では、本道の各地域にアクティブ・ラーニングの普及を図るため、全道の４圏域毎の取組が進むよう、各圏域の拠点校として、札幌北高校、函館

稜北高校、旭川東高校、釧路湖陵高校を指定し、各圏域に2〜3校の協力校を指定して実践研究を進め、今年度は約1,500名の教員の研修参加を目指している。

　本実践研究の研究課題としては、①アクティブ・ラーニングの視点からの教科間連携の推進、②アクティブ・ラーニングを通して育む思考力・判断力・表現力の育成を目的とした評価方法の工夫改善を掲げており、主な取組内容は、次のとおりである。

○拠点校における、教科等の本質的な学びを踏まえたアクティブ・ラーニングの視点からの授業改善
　・学校として育成すべき資質・能力の明確化
　・学校として育成すべき資質・能力と、各教科における資質・能力との整理
　・資質・能力を確実に育むためのアクティブ・ラーニングの視点からの授業実践
　・授業実践により育まれた資質・能力の検証（定期考査等における評価問題の作成・実施結果の分析、生徒・教員へのアンケート調査の実施・分析、「大学入学希望者学力評価テスト（仮称）」で評価しようとする能力とアクティブ・ラーニングにより育まれる資質・能力との関連の研究等）
　・学校全体として育成すべき資質・能力を育むことができたか、カリキュラム・マネジメントの視点に立った検証
○「北海道アクティブ・ラーニング実践協議会」の設置（有識者による本事業への助言）

○拠点校における公開授業等の各圏域研究大会（道内4会場）
○授業実践講座（4圏域に各5会場（国語、地理歴史・公民、数学、理科、英語）計20会場）…アクティブ・ラーニングの視点からの授業改善を実践している教員を講師としたワークショップ型研修
○北海道高等学校教育課程研究協議会（全道2会場）…アクティブ・ラーニングの視点からの学習・指導方法のあり方など、各学校における教育課程の編成に伴う諸課題についての研究協議を実施
○北海道立教育研究所の各種研修講座で、アクティブ・ラーニングの視点からの学習・指導方法に関する研修の実施
○アクティブ・ラーニングを通して、生徒が互いの存在についての理解を深め、尊重することを通して、生徒に自己存在感を与え、共感的な人間関係を育成し、自己決定の場を与え、自己の可能性を開発することなど、生徒理解に基づく指導の充実
○拠点校のうち、函館稜北高校では、育成すべき資質・能力を4カテゴリー20項目の「稜北生に身に付けさせたい力」として明確化し、プロジェクト委員会を中心として、総合的な学習の時間の取組を軸としながら、全教科において、「協同的な学び合い」（アクティブ・ラーニングの視点からの学び）を実践するとともに、資質・能力の評価を観点別評価に関連付ける研究に取り組んでいる。
○札幌北高校では、全校的な取組のコーディネートを担う校内委員会を中心として、育成すべき資質・能力の検討を進め、すべての教育活動でアクティブ・ラーニングの視点から工夫改善を図り、その際、生徒一人一人の認知特性の違いも考慮に入れた実践研究に取り組んでいる。また、大学と連携して、高校のアクティブ・ラーニングと大学のアクティブ・ラーニングの学びの接続に向けた共同研究も進めている。

(2)高校生の基礎学力の定着に向けた学習改善のための調査研究事業

　さらに、今年度、北海道教育委員会では、文科省の「高校生の基礎学力の定着に向けた学習改善のための調査研究事業」を実施している。

　札幌英藍高校を調査研究校に指定し、「基礎学力の着実な定着を目指して、『カリキュラム・マネジメント』の確立及び『ＰＤＣＡサイクル』の構築を図り、生徒の学習意欲の高揚及び家庭学習習慣の定着を目指すとともに、『高等学校基礎学力テスト（仮称）』の導入検討に資する」ことを調査研究のねらいとしており、主な取組内容は、次のとおりである。

○調査研究校における取組
　・学校として育成すべき資質・能力の明確化
　・アクティブ・ラーニングの視点からの学習・指導方法の改善
　・思考力・判断力・表現力等を含めた基礎学力の定着の状況の把握
　　（道教委実施のモデル別「学力テスト」の分析等）
　・学習意欲の高揚、家庭学習習慣の定着などの把握（道教委実施の「高等学校学習状況等調査」等）
　・生徒の学びの深まりを把握するための多様な評価方法の研究
　・「高等学校基礎学力テスト（仮称）」の「試行テスト（仮称）」の活用

○調査研究校への「支援チーム」（道教委指導主事及び道立高校教諭）派遣

○「高等学校基礎学力テスト（仮称）」に関する研究協議会の開催

アクティブ・ラーニングの推進にあたっての学校経営の考え方

　北海道教育委員会では、前述の(1)、(2)の事業を通して、アクティブ・ラーニングの視点からの学習・指導方法の改善を推進していくこととしているが、今後、学校経営の視点から求められる対応について、私自身の校長経験等による見解も交えて整理してみる。

(1)学校として育成を目指す資質・能力及び各教科等の役割の明確化

　学校として育成を目指す資質・能力を明確化することの重要性について、全教職員の共通理解を図ることが大切である。
　さらに、各教科等でどういった力が身に付くのかを明らかにし、資質・能力を育む観点から、教育課程全体における各教科等の役割を明確にして授業改善を進めていく。

(2)資質・能力の育成に向けた、アクティブ・ラーニングの視点からの授業改善

　アクティブ・ラーニングの視点の考え方を全教職員が十分に理解し、学校として育成を目指す資質・能力を育むよう、組織的に授業改善に取り組んでいくことが重要であり、一人一人の教員が、習得・活用・探究という学習過程全体を念頭に置き、個々の学習場面でどのような資質・能力を育むのかを自覚的に認識しながら、日々の授業を不断に見直し、

改善していくことが求められる。

　高校では、「小・中学校に比べ知識伝達型の授業にとどまりがち」であると指摘されており、学校全体として授業改善に向けた具体的な目標を掲げて、研修の機会の充実を図ることが急務である。

(3)アクティブ・ラーニングの視点からの学びと連動させた学習評価

　学習評価については、資質・能力の育成の状況を的確に把握できるよう、必要な資質・能力を育む学習場面を設定するなど、アクティブ・ラーニングの視点からの学習・指導方法の改善と一貫性を持って改善を進めることが求められ、学習評価の改善に、学校全体で組織的に取り組む体制づくりが必要となる。

　また、「大学入学希望者学力評価テスト（仮称）」及び「高等学校基礎学力テスト（仮称）」の導入を視野に入れ、高校における学びの成果を適切に評価する方法を研究することも求められよう。新テストを最初に受験する予定の生徒が高校に入学する2018年度に向け、新テストで重視される「思考力・判断力・表現力等」を育むための授業改善と評価の改善を組織的に進めることが急がれる。

(4)学校の教育課程全体で資質・能力を育むためのカリキュラム・マネジメントと学校経営の改善の視点

　学校として目指す資質・能力を育むためには、カリキュラム・マネジメントを通じて、教科等横断的な視点から教育活動の改善を図り、教科

等や学年を越えた、学校の教育課程全体を通した取組を進めることが重要になる。

　また、すべての教職員が、教育課程を軸に自らや学校の役割に対する認識を共有し、各校務分掌の意義を生徒の資質・能力の育成という観点から見直して、教育活動や学校経営などの学校の全体的なあり方を改善していくことが求められる。

　さらに、学習評価を生徒の資質・能力の育成やカリキュラム・マネジメントと関連付けながら実施することが求められる。

　なお、総合的な学習の時間が、カリキュラム・マネジメントの鍵となることが期待され、特に高校では、名称を「総合的な探究の時間（仮称）」と変更するなど位置づけを見直すこととしており、探究のプロセスを通して資質・能力を育成することがより重視されている。探究活動で身に付けた課題設定や情報の整理・分析等に関する思考のスキルや表現のスキル等を、各教科等のアクティブ・ラーニングの視点からの学びに生かしていくことも期待される。

(5)生徒指導に関わる資質・能力を育むアクティブ・ラーニング

　生徒一人一人に応じた「主体的・対話的で深い学び」（アクティブ・ラーニングの視点からの学び）を実現していくために、生徒理解を深め、教職員と生徒の信頼関係や生徒相互の人間関係づくり、自己存在感の醸成、自己決定の場の提供等の生徒指導の機能を生かした指導の充実を図ることが求められる。

　北海道教育委員会では、2012年度に北海道医療大学と共同で、児童生

徒のコミュニケーション・スキルの状況を、発達の段階に応じて測定するための質問紙調査法「子ども理解支援ツール『ほっと』」を開発している。この調査法を活用して、人間関係づくりに必要な力を把握し、特に「対話的な学び」の充実に向け、生徒理解の客観的資料のひとつとすることが期待される。

　「審議のまとめ」には、アクティブ・ラーニングの視点からの授業改善の推進に当たって、学校として育成を目指す資質・能力を明確化することや、すべての教職員がカリキュラム・マネジメントの必要性を理解することなど、学校経営の視点の重要性が示されており、各学校の組織力を高めるとともに、教員一人一人の創造的実践を引き出す、校長等、学校のリーダーの役割に一層の期待が寄せられているものと考える。

自治体での先進事例 ❷

教育センターを拠点とし、アクティブ・ラーニングを推進する

静岡県総合教育センター 総合支援課高校班

　静岡県総合教育センターは主に県内の小・中・高・特の各学校の教育実践を支援すべく、日々、研究・研修活動等を行っている。高校については特に高校班において、教員研修や教育に関する専門事項の指導、研究及び調査に関することの業務にあたっている。センター内の小中学校班、特別支援班、教育相談班などとさまざまな情報を共有し、それぞれの学校種の総合的な支援に役立てている。本稿では、主にセンター高校班でのアクティブ・ラーニング推進の取組について触れていきたい。

推進のための横断的な組織・プロジェクトチームの結成

　2014年度後半には次期学習指導要領に関する大臣諮問や高大接続改革の答申を受けて、アクティブ・ラーニングを中心とした校内研修の相談や依頼が増加した。高校班は、大学での講演会や民間企業による研修等に参加したり、関連の書籍からできる限りの情報を集めたりしながら研修要請への対応を進めていった。しかし、2014年度末の時点では、アクティブ・ラーニングの理解の方策は手探りの状態で、学校の要請に応え

るための研修内容の構築を早急に始めなくてはならない状況であった。

　翌年の2015度当初、所長から「総合教育センターとして、次期学習指導要領を見据え、小中学校、高校、特別支援学校のすべての校種において、児童生徒のアクティブ・ラーニングを促す教員の指導を重視するための教員研修を準備する必要がある。」との指示があり、2人の参事が顧問、高校班、小中学校班、特別支援班、研修班、企画班、教育相談班、及び情報管理班の所員からなる総勢12人のアクティブ・ラーニングプロジェクトチームが結成された。静岡大学学術院教育学領域准教授・学習科学研究教育センター（RECLS）センター長・益川弘如氏に研究顧問をお願いし、学習科学の知見に基づく研修プログラムの開発を中心とした研究を行っていくことになった。

アクティブ・ラーニングの視点を持った授業構想のための「次期学習指導要領対応授業力向上研修」

　アクティブ・ラーニングについて講演会等で概念を理解して納得できても、実際の授業イメージが見出せなかったり、実践をためらったりする教員が多いのではないかという想定のもと、研究を進めていった。自分が受けたことのない授業スタイルを新たにつくり出すことの難しさは、校種を問わず予想できることである。そのため、研修内容は「主体的・対話的で深い学び（アクティブ・ラーニングの視点）」を十分理解し、資質・能力の育成について具体的な授業構想ができるようになること、及び、参加者だけでなく校内への普及の要素も含むことを大きな柱として検討していった。

校種をまたぐ大規模な研修となることや、次期学習指導要領改訂前からの研修となることなどから、関係各所との調整が難航することもあった。しかし、最終的には今後の静岡県の教育における授業改善の必要性を県教育委員会全体で共有し、2016年度から18年度までの3年間で小中学校、高校、特別支援学校のすべての学校の教員を対象に「次期学習指導要領対応授業力向上研修」を立ち上げることになった。高校では、校内で授業改善を進める中心的な立場の教員を研修対象者に定め、具体的には16年度は教務主任等、17年度は進路指導主事等、18年度は教務、進路、生徒、研修等の授業改善の中心となるいずれかの教員を対象とすることにした。

　年2回（10月と2月）の総合教育センターでの研修に加え、その2回の研修の間に、研修対象者が所属校でアクティブ・ラーニングを意識した授業を実践し、その授業について各校で授業検討会を行うこともプログラムに含めた。6月に県内の高校教務主任研修会時に行った事前説明での意欲的な反応から、アクティブ・ラーニングの実際を知り、生徒の資質・能力の育成を実感したいという教員の前向きな思いと合致した研修内容になっていることを確信した。

研究成果報告書（リーフレット）の作成

　リーフレットの作成は、研修計画策定と並行して、2015年10月からスタートし、プロジェクトチームがアクティブ・ラーニングについての情報を収集したり研究したりしたものを、広く県内の教職員や児童生徒に還元する手立てとして、手軽に手に取れるリーフレットが適切である

と判断したからである。リーフレットの内容については、2015年8月に示された「教育課程企画特別部会　論点整理」（以下「論点整理」という）に基づき、益川准教授より学習科学の観点からの示唆をいただきながら、プロジェクトチームで何度も意見を交わして内容を定めていった。小中学校、高校、特別支援学校のすべての教員にとって、アクティブ・ラーニングの視点から自分の授業を見直すきっかけになるものを目指し、「授業設計診断」という形で改善のポイントを提示した。教員が、生徒の実態を的確に把握し、学習指導要領に定められた目標を明確にしたうえで、経験則によるのではなく、どのように学べば主体的・対話的で深い学びが引き起こされるか、ということが分かる表示になっている。

　本リーフレットの特徴は、まず「授業設計診断」に「解決したい課題や問い」「考えるための材料」「対話と思考」「学習の成果」の4項目を定め、それらを各項目それぞれについて、アクティブ・ラーニングの目指すべき姿に近づいているかどうかを4段階で表示している点である。この診断を活用することで、授業改善のポイントが明確になり、生徒の「主体的・対話的で深い学び」が実現するための具体的な授業改善策を得ることができる。

　次期学習指導要領等に向けたこれまでの審議のまとめにおいては、アクティブ・ラーニングと併せてカリキュラム・マネジメントが重要であるとされている。一人一人の教員が、多くの教科を学ぶ生徒の立場から、自分の教科を眺める教科横断的な発想が必要である。また、それぞれの学校で生徒に身に付けさせたい資質・能力を検討し、それらを自分の教科で育成するにはどの時期のどの単元が適切だろうか、という視点

を持つことも重要である。リーフレットでは、このような視点を得るためのカリキュラム・マネジメントのポイントも提案している。

　また、アクティブ・ラーニングの積み重ねにより児童生徒の資質・能力が育成され、多様な他者と協働して、課題を解決していく教室文化が醸成されているかどうかの目安となる項目を、「教室文化の診断」として提示した。「教室における安心感」や「よりよい学級を創る学びの態度」など、教員が教科指導の中で教室文化（子どもたちが学級において共有している行動様式や生活様式）を意識できるような形で示している。

　全ての校種の授業例も一例ずつ掲載してイメージを広げられるようにしたが、リーフレットでは、アクティブ・ラーニングは決まった型があるわけではないことを強調している。あくまでも授業例は、児童生徒の実態や教科の特性に応じたアクティブ・ラーニングについて、教員同士が対話するきっかけづくりを狙ったものである。

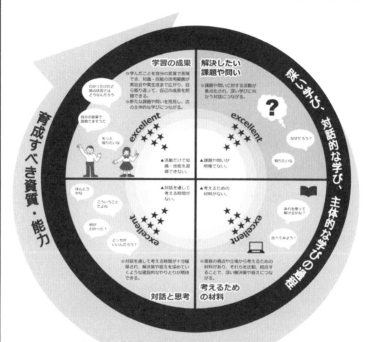

「アクティブ・ラーニングとカリキュラム・マネジメント」
(リーフレット／Ａ４観音折８ページ) の主な内容
・アクティブ・ラーニングのＱ＆Ａ、右側　カリキュラム・マネジメントのＱ＆Ａ
・アクティブ・ラーニングの視点からの授業設計診断、アクティブ・ラーニングの視点を持つ授業例、よりよい学級と社会を創る教室文化の診断
※静岡県総合教育センターホームページで全ページ閲覧可。

「時期尚早ではないか」「これまでの指導との整合性は」という不安の声に

　高校においては、現行学習指導要領が学年進行で完全実施してから4年目となる。現行学習指導要領の成果と課題の検証も十分でない時期に、次期学習指導要領改訂への対応を始めることを不安視する多くの意見を受けるところである。「言語活動の充実」に熱心に取り組んでいる小中学校からは、「言語活動の充実とアクティブ・ラーニングとの整合性はとれているのだろうか」との声も聞こえてきた。

　当センターでの悉皆研修やリーフレット等の早期対応は、教員が自信を持って更なる授業改善に取り組むためには、まず、アクティブ・ラーニングに対する戸惑いを払拭する必要があるとの考えに基づくものである。また、各学校の各教員が授業改善に向け、試行錯誤できる期間を長くとりたいとも考えたからである。「主体的・対話的で深い学び」が実現するための、アクティブ・ラーニングの視点からの授業改善は、一朝一夕に成し得るものではない。各校において授業実践を積み重ねながら「主体的・対話的で深い学び」を実現するための方策を日々模索し、教科や学年、学校種を越えて広がりのある議論をする中で得られるものである。こうしたことを踏まえ、21世紀を生きる子供たちに欠かせない資質・能力の育成を目指す授業への改善のスタートは、早めに行っていく意味があると考え、対応に踏み切ったのである。関係各所には研修の計画段階から丁寧な説明を行い、広く意見を募りながら進めたことで、徐々に理解を得ることができたと感じている。

学校訪問で感じた高校現場の様子

　総合教育センターから見た、高校現場の受け止めはどのようなものか。

　総合支援課高校班指導担当は、定期訪問という形で毎年度、全校全課程への訪問を行い、2教科2人ずつの研究授業と教科別協議、放課後には学校と協力して指導主事が講師を務める校内研修を行っている。

　校内研修は総合教育センターの提示する10テーマ（生徒相談、キャリア教育、特別支援教育、学習評価など）から学校が選択し、全教員参加で行っている。2015年度は、アクティブ・ラーニングの理解・演習を含むプログラムを選択した学校は38校、今年度は42校（うち9校は2年連続）となっており、全校全課程合わせて2年間で112校のうちの71校、63パーセントの学校が選択していることになる。各校において高大接続の新テストへの対応も関心が高く、これを機にアクティブ・ラーニングを視点とした授業改善を進めていきたいと考える校長は多い。この定期訪問のほかにアクティブ・ラーニングをテーマにした学校等支援研修（指導主事の出前研修）の要請も、2015年度と2016年度を合わせて26件（2016年9月現在）となっている。主体的・対話的な学びを、生徒の立場に立って体験する演習では、毎回熱心に取り組む教員の姿が見られる。また、自分の教科において主体的・対話的で深い学びを実現するための改善のポイントを、リーフレットの「授業設計診断」で確認する演習では、具体的な授業構想や学習評価のあり方にまで議論が及ぶこともあり、教員のニーズに対応するためにアクティブ・ラーニングの教員研修をより具体化していく必要があると感じている。

研修を利用した各学校での実践事例から

①主体的な研究
──県立川根高等学校

　県中部の山間部に位置する川根高校は、初任者も多数赴任する若手教員の多い小規模高校である。ベテラン教員による指導モデルも少ないため、特に若手教員は、日々模索しながら授業を実施している。そのため、管理職がリードしながら様々な研修の機会を設けている。「次期学習指導要領対応授業力向上研修」に付随する参加者所属校での研究授業においても、管理職は、指導主事の訪問を年間2回要請し、積極的に校内研修を生かす計画を立てている。総合教育センターでも、学校での実践と研修をつなぐ研究としてこの訪問を捉え、アクティブ・ラーニングの実践からカリキュラム・マネジメントに関する学校での実践事例を得ることを期待している。

②学校等支援研修を使った定時制・通信制の研究会
──県立浜松大平台高等学校

　県西部地区の定時制・通信制教育研究会は、単位制による定時制高校（大平台高校）を会場に、2016年6月、5校の定時制の教頭・教務主任と会場校の職員30人程度が参加する研修会を行った。研修の前半に行われた4つの授業（国語、公民、数学、英語）を研修材料とし、リーフレット「アクティブ・ラーニングとカリキュラム・マネジメント」を

参照しながら、「アクティブ・ラーニングを実現するための改善点は何か」ということについて検討した。様々な教科からなる４人組で行われたグループワークでは、授業中や単元で提示した課題や、生徒が思考するための資料について熱心な議論が行われた。

公民の研究授業は、リーフレットの授業設計例を参考にして計画されたものだった。課題に対して科目特有の用語を駆使した生徒の活発な議論からは、深い学びを感じることができ、自発的な教員の改善意欲をさらに高めるものになった。

③キャリア教育とアクティブ・ラーニングをつなげる
――県立遠江総合高等学校

県西部の総合高校である。校内組織を活性化させ、昨年度から総合学科の特性を生かしたキャリア教育の充実を図っている。今年度はキャリア教育の視点を重視しつつ、さらに次期学習指導要領改訂を見通した授業改善を行うため、学校等支援研修を利用した指導主事訪問により、アクティブ・ラーニングに関する講義・演習形式の研修と、教育目標を意識したカリキュラム・マネジメントの研修を行った。

各校、各研究団体ではこのように、次期学習指導要領対応授業力向上研修やリーフレットを活用する形で、取組を始めている。総合教育センターは、県立４校（韮山、静岡商業、川根、天竜）に研究協力を依頼し、様々な取組から得られる成果や課題を収集し、さらにその成果を各校に還元していく予定である。

センターを拠点とし一層の情報共有を進める

　授業改善にアクティブ・ラーニングの視点を取り入れようという意識改革や取組は、まだ始まったばかりである。現行学習指導要領のもと、言語活動の充実に真摯に取り組んできた教員にとっては、アクティブ・ラーニングは未知のものではなく、これまでの授業実践を生かした形での取組が可能である。また、知識の教え込みの授業に偏りがちな教員にとっては、新たな授業改善の視点を得るチャンスと考えられる。生徒のアクティブ・ラーニングを実現しようとする中で、校内の他教科の教員との情報交換が必要になり、アクティブ・ラーニングが他教科の学びや所属校の教育目標を意識するようなカリキュラム・マネジメントにつながっていく、という気付きがどの学校でも生まれていくと思う。

　これまで高校では、教科の指導内容を重視するあまり、生徒を主体とした学びや、教科を越えた学びを意識することに弱い一面があった。改めて、学習者中心の深い学びや、生徒が複数教科を学んでいることの意義を再確認し、総合的に生徒の資質・能力を育む教員集団としての意識を確認する機会になることを期待する。

　生徒の主体的・対話的で深い学びの実現のために、これまでの自分の指導にはなかった型や実践例を学ぶことで授業改善が進み、日々の授業実践の中で課題設定や適切な資料準備を行うことを通して、教員が新たなスタイルを見つけていくだろう。静岡県総合教育センターは、次期学習指導要領改訂を視野に入れ、生徒が主体的・対話的に深く学ぶ中で、教科・科目を学ぶ意義を実感できる授業づくりを支援していきたい。そのために、実際に生徒の学びとその変容を実感できる立場にある県内外の教員との、より一層の情報共有を進めていきたい。

5

学びを考えるためのキーワード10

KEYWORD ①

アクティブ・ラーニング

　2016年8月1日、中央教育審議会は、次期学習指導要領おいては小・中・高校を通じて学習内容の削減は行わず、「アクティブ・ラーニング」（以下ALと略記）の視点から学習課程を質的に改善する方針で審議を進めていることを明らかにした。これを受けて、ALは学校教育改革の中核を担うものとして位置づけられるとともに、その理論的・実践的な挑戦がいっそう加速していくものと思われる。ただし、周知のとおり、ALの視点から学習課程を問い直す試みは、理論と実践の両面においてすでに多様になされている。そもそも、ALは、海外においては1970年代から研究が進められてきた。日本においては、2012年に中央教育審議会が出した『新たな未来を築くための大学教育の質的転換に向けて──生涯学び続け、主体的に考える力を育成する大学へ──（答申）』の中で、「アクティブ・ラーニング」という用語が登場したことを画期として、ALを冠した理論的・実践的試みが急増した。その際、訳語としては、「能動的学習（学修）」「積極的学習」「主体的学習」があてられる場合が多いが、現時点ではカタカナで表記するのが主流となっている。

●アクティブ・ラーニングの定義の広さ

　ALの導入をめぐる以上のような経緯の中で、その定義はどのように議論されてきたのか。ALの定義に関する議論においてしばしば言及されるのが、ボンウェルとアイソンによる整理である。彼らはALの主な特徴として以下の7点を挙げている。

①学生が、授業を聞く以上の関わりをしていること
②学生が活動（例えば、読む、議論する、書く）に関与していること
③情報の伝達より学生のスキルの育成に重きが置かれていること
④学生が自分自身の態度や価値観を探求することに重きが置かれている
⑤学生の学習意欲（モチベーション）が高まっている
⑥学生が指導者からのフィードバックをすぐに受けられる
⑦学生は高次の思考（分析、総合、評価）に関わっていること
[Bonwell & Eison 1991: 2]

　このようにALを特徴づけつつ、ボンウェルとアイソンはALを「読解・作文・討論・問題解決などの活動の中で分析・統合・評価のような高次の思考を伴う課題に取り組む学習」と定義している。大学教育の分野においては、こうした定義を発展的に継承する形で「アクティブ・ラーニング」の定義をめぐるさまざまな立場が展開されてきた。例えば、永田敬らはALにおいてとりわけ重要な要件として、その活動が「思考を伴うもの」であることを強調している[永田・林: 17-25]。他方、溝上慎一は、ALを「一方向的な知識伝達型講義を聴くという（受動的）学習を乗り越える意味での、あらゆる能動的な学習のこと。能動的な学

習には、書く・話す・発表するなどの活動への関与と、そこで生じる認知プロセスの外化を伴う」ものであると定義する[溝上：7]。さらに松下佳代は、ALが「認知プロセスの外化」を学習活動の中に正当に位置づけたことを評価しつつも、内化のない外化は空虚であるとして、「内化と外化を繰り返すなかで理解が深化する」ことを特徴とするものとして「ディープ・アクティブ・ラーニング」[松下：8-9]を提唱している。このように、思考の重要性や、認知プロセスの外化、内化と外化の往還関係といったように、論者によって強調点は異なるものの、そうしたバリエーションを認めつつ、今日においてもALの定義をめぐる議論が盛んになされている状況であると言える。

　以上の整理からも分かるように、ALについての統一された定義はない。ALについての統一的な定義を行おうとすれば、あまりに大綱的でそれゆえ曖昧なものになるだろうし、逆に詳細に定義しようとすれば「ALとはなんであるか」ではなく「ALをどのように行うか」という方法論的な差異に重点が移っていき、本質的な議論が削ぎ落とされる危険性がある。したがって、ALについての統一的で明瞭な定義を求めることが、かえってALの理論と実践を平板化することにもなりかねない。このような平板化への危惧は、冒頭で言及した中央教育審議会におけるALをめぐる審議においても共有されているように思われる。

●学習指導要領への影響
　教育課程部会教育課程企画特別部会の第19回の配布資料「次期指導要領に向けたこれまでの審議のまとめ（素案）ポイント」において、次期指導要領においては「アクティブ・ラーニング」の視点を取り入れるこ

とによって、学習内容の削減を行うのではなく、学習課程を質的に改善するとの方針が示されている。その際、「アクティブ・ラーニング」の視点として以下の3点が挙げられている。

①学ぶ意味と自分の人生や社会のあり方を主体的に結びつけていく「主体的な学び」
②多様な人との対話や先人の考え方（書物等）で考えを広げる「対話的な学び」
③各教科で習得した知識や考え方を活用した「見方・考え方」を働かせて、学習対象と深く関わり、問題を発見・解決したり、自己の考えを形成し表したり、思いを基に構想・創造したりする「深い学び」

　このように、次期指導要領にALを取り入れるということは、必ずしもALの手法を導入するということにとどまらず、「主体的な学び」「対話的な学び」「深い学び」という観点から、これまでの学習課程を捉え直し、再構成するということに主眼が置かれていることが分かる。第18回の審議においても、「アクティブ・ラーニングの本質的な特徴である、『主体的・対話的で深い学び』を目指すことがアクティブ・ラーニングの視点であって、それを捉えていれば何か特定の型にとらわれることはないのだということを示すため『アクティブ・ラーニングの視点』と表現することに意義がある」との意見がなされたことが記録されている。こうした意見を重くとるならば、ALはこれまでの学習のあり方にとって代わるようなものではなく、これまでの学習のあり方を問い直し、再構成する際の「参照点」であるということになる。ただし、当の「参照

点」自体に多様な捉え方があることはすでに見たとおりである。そうであるならば、むしろALは学習過程の再構成をめぐるさまざまな試みを結びつける「虚焦点」としての機能を担っていると考えた方がいいかもしれない。つまり、ALという語には、学習課程の再構成に関わる実践的・理論的な試みを結びつけつつ、同時にそれらがさまざまな方向へと開かれることを可能にするような虚焦点としての機能が期待されているのではないだろうか。ALが提起されることによって、これまでの議論と実践がどのように結び合わされ、そこからどのような学習像が照射されるのか。挑戦は始まったばかりである。

(田中智輝)

〔参考文献〕
・永田敬・林一雅編(2016)『アクティブラーニングのデザイン』東京大学出版会。
・松下佳代編(2015)『ディープ・アクティブラーニング』勁草書房。
・溝上慎一(2014)『アクティブラーニングと教授学習パラダイムの転換』東信堂。
・Bonwell, C, C., & Eison, J. A. (1991). Active Learning Creating Excitement in the Classroom: ASHE-ERIC Higher Education Reports.https://www.ydae.purdue.edu/Ict/HBCU/documents/Active_Learning_Creating_Excitement_in_the_Classroom.pdf (2016年10月3日取得)

KEYWORD ②

21世紀型スキル

　21世紀型スキルは、国立教育政策研究所の調査報告書において「一人一人が自ら学び判断し自分の考えを持って、他者と話し合い、考えを比較吟味して統合し、よりよい解や新しい知識を創り出し、さらに次の問いを見つける力」としての「思考力」を中核として、「思考力」を支える「基礎力」および「思考力」を方向付ける「実践力」として表されている。

　この中で、「基礎力」は「言語、数、情報（ICT）を目的に応じて道具として使いこなすスキル」を指し、「実践力」は「日常生活や社会、環境の中に問題を見つけ出し、自分の知識を総動員して、自分やコミュニティ、社会にとって価値のある解を導くことができる力、さらに解を社会に発信し協調的に吟味することを通して他者や社会の重要性を感得できる力」とされている。基礎的な知識を持ち、それらを使いこなすことができるだけではなく、他者と協働しながら自分の属する社会やコミュニティをより良いものにすることが目指される。その中心に位置づけられ、特に学校教育で育成が目論まれているのが、「思考力」であるといえる。

●20世紀初頭の教育論との親和性

　このように21世紀型スキルを捉えたとき、基礎的な知識に支えられた「思考力」が、社会や人との関わりに方向づけられるという志向自体は、日本においてもすでに大正自由教育（新教育）運動期から登場していることに気付く。教室の中にとどまらず、広く生活環境に根差しながら児童生徒同士によって学び合い、社会に資するという考え方自体は、最近登場したものではないといえる。こうした考えや教育課程編成についての理論は日本の教育にも存在しているのであり、教員養成の場でも広く教えられている。

　しかしながら、ここで新たに主張されるということは、必ずしも現場の中でそれらが受け入れられていないということでもある。「思考力」や「実践力」の重要性は知識としては既知のものであるといえるが、それが現実の授業や教育課程編成の場面において具体的な形を取りづらいことが、スキルの扱いを困難にしている。「思考力」が指向すべき方向としての「実践力」から考えて、学校教育ではむしろ教師にこれからの社会としてより良いものはなにか、どのようなコミュニティを形成し、生きていってほしいか、といった具体像が描けている必要がある。

●21世紀に今にこそ求められる教師の姿勢

　まずは、育成されるべき「思考力」の活かされる場から考え、形づくっていくことが、21世紀型スキルの育成について求められるであろう。そのとき注意すべきは、「情報（ICT）」などの新しい技術についてである。ICTなどの新技術には、児童生徒が教師よりも精通していることが考えられる。その一つひとつを理解することは困難であるが、技

術を利用する一人ひとりが技術を使って何をしたいのか、使うことでどのようなことを実現したいのかに目を向けさせる必要がある。技術や知識、思考を使って作り出せる社会やコミュニティについての具体的な将来像を構想することこそがまずは「基礎力」、「思考力」を必要とするものである。それが生徒の中で像を結べば、実現するための「実践力」のあり方が明確になるだろう。

(堤ひろゆき)

〔参考文献〕
・国立教育政策研究所（2013）『教育課程の編成に関する基礎的研究　報告書5　社会の変化に対応する資質や能力を育成する教育課程原理の基礎的研究』。

KEYWORD ③

高大接続

　現代の日本人の多くが、小学校、中学校、高校へと進学し、その直後に就職する者もいれば、専門学校や大学に進学し、就職というプロセスを選択する者もいる。このような成長過程において、各ステージで個人に必要とされる能力には違いがある。このギャップが大きい場合に、各ステージ間の移行がうまくいかないという問題を抱える者が現れる。以上の問題のうち、高校と大学の教育に関するステージのギャップに焦点を当て、問題解決を図るアプローチのひとつとして、「高大接続」というキーワードがある。

　高大接続の定義は、「新しい時代にふさわしい高校教育と大学教育を、それぞれの目標の下に改革し、子供たちがそれぞれの段階で必要な力を確実に身に付け、次の段階へ進むことができるようにするためのものである」とされる（2014年12月22日中央教育審議会答申、9頁）。

　この高大接続という課題が、盛んに議論されるようになった背景には、社会における知のあり方に変化が起こり、そのことに伴い、個人に求められる学力や資質が大きく変化している状況がある。個人には、溢れる情報を取捨選択し、活用していく力が求められているのだ。より具体的に言えば、多様な人々と協力しつつ、問題の所在を発見し、議論を通じて、問題解決の方法を見つけるという能力が求められるようになった。このような変化に伴い、個人のライフコースにおける、教育のさま

ざまな機会においても、上記のような能力の養成が必要となり、各ステージ間を移動する個人のプロセスにも新たな課題が生まれた。この課題は行政、高校の教員、研究者によって認識され、さまざまな議論が行われている。

● 行政の取組

　行政側の取組として代表的なものは、文部科学省に設置されている高大接続特別部会である。2014年12月22日の中教審答申においては、高大接続改革が提起され、その主な内容は、大学入試制度改革についての改革案となっている。このような改革案の背景には、高校を出た後に生徒はどうするのか、という長期的なキャリア形成のための視点が重視されているはずである。しかしながら高校の先生や生徒にとっては、変化する大学入試にどう対応するのか、という目前に迫る課題が重くのしかかる状況がある。

● 大学の取組

　大学教育においては、教育活動および研究活動の中で、高大接続という課題が捉えられてきた。教育活動としては、海外で先行し、日本においても導入されてきた、大学入学後の初年度における教育（初年次教育、導入教育、リメディアル教育等）が挙げられる。このような教育の目的は、高校までの学びと大学の学びの間にあるギャップを埋めることであり、より自立的な学びの姿勢の習得や本格的な学問探求への導入が内容となっている。ここでは、主体性を持って多様な人々と学ぶというアクティブ・ラーニングが重視され、ワークショップ、集団討論、反転授業、留学やインターンシップ等の学習プログラムが実践さ

れつつある。

　高大接続に関する研究は、教育学の研究者によって進められている。このような教育研究の成果を踏まえつつ、現在の高大接続に関する課題の取組として、大学の研究者が教員研修を高校で実施する等、高校と大学の教員の相互交流も行われている。

　以上のように、さまざまなアクターによる、高大接続という課題への取組が徐々に進行しつつある。

（市川紘子）

〔参考文献〕
- 溝上慎一・京都大学高等教育研究開発推進センター・河合塾編（2015）『どんな高校生が大学、社会で成長するのか：「学校と社会をつなぐ調査」からわかった伸びる高校生のタイプ』学事出版。
- 中央教育審議会答申（中教審第177号）「新しい時代にふさわしい高大接続の実現に向けた高等学校教育、大学教育、大学入学者選抜の一体的改革について」、中央教育審議会、2014年12月22日の第96回総会。
　http://www.mext.go.jp/b_menu/shingi/chukyo/chukyo0/toushin/__icsFiles/afieldfile/2015/01/14/1354191.pdf　（2016年7月25日取得）

KEYWORD ④

参加型学習

　教師による一方向的な教授から子どもの興味・関心を出発点とする学習へ。ジョン・デューイが提起した「コペルニクス的転回」は、教授と学習、教育者と学習者の関係への問い直しをせまるものであった。その問い直しの作業は今日においても尽きることなくなされ続けている。昨今のアクティブ・ラーニングへの関心もまた、こうした連綿と続く議論の延長線上に位置づくものと言えるだろう。したがって、アクティブ・ラーニングが重大な課題であるのは、それが現在の時事的な教育問題への対策として有効だからというよりは、それが上述したような教育の根本問題に向き合うものだからである。そうであるならば、かかる根本問題と教育はいかに向き合ってきたのか。ここでは「参加型学習」という括りでひとつの系譜を辿ってみたい。

●経験や対話の中で学習が生まれる

　その名の通り「参加型学習」は、「参加」を中心として従来の教えと学びの関係の組み換えを試みるものである。こうした試みの端緒は、先に挙げたデューイの教育思想の影響を強く受けた新教育運動（日本においては大正新教育がそれにあたる）に見いだすことができる。そこでは、「参加」、すなわち子ども自身が学習課程に関わるということの重

要性は次の2つの点に見出される。第一に、学習は、学習者自身によってなされた「経験」を介してなされるということが挙げられる。よって、学習は誰か（例えば教育者）によって教えられるだけではなされず、学習者自身が経験を通じてそれまでの認識を再構成するプロセスにおいて生じるということである。このことは第二の点にも関わっている。すなわち、社会などへの参加への準備として学習があるのではなく、参加することの中で学習はなされるということである。したがって、ここで想定されている学習は、将来の参加に向けた資格付与のためになされるようなものではないのである。

　さらに、参加することにおいて学習がなされるという立場から独自の教育論を展開したものとして、パウロ・フレイレの教育思想が挙げられる。フレイレは、知識の蓄積に傾倒した教育のあり方を「銀行型教育」として批判したうえで、それと対置して、それぞれに異なる背景や経験を持つ人々による「対話」を中心とした学習こそが新たな知の生成をもたらすという。このようなフレイレの学習論において、「参加」は学習課程にとどまらず、抑圧者と被抑圧者の関係を規定している社会への働きかけをも射程に含んでいる。その上で、抑圧−被抑圧の関係を相対化し、そうした関係から自らを解放する営みとして学習を捉えているのである。フレイレのこうした思想は、とりわけ開発教育の文脈で積極的に引き取られ、そこで提唱される「参加型学習」の理論的基盤とされている。

●学習形態を超えた「参加」の意義
　では、今日の議論においてはどうだろうか。ともすれば、「参加型学

習」がよく耳にされた時期は過ぎ、理論的にも実践的にもある程度の水準に達したという印象があるかもしれない。しかし、上述したような参加を中心に据えた学習論は今日においても盛んに議論されている。そうした議論を牽引するものとしてオランダの教育哲学者ガート・ビースタが挙げられる。ビースタは、デューイのデモクラシー論を下敷きにしつつ、子どもは教育によって市民になるのではなく、子どもはすでにつねに市民なのであり、彼らは来るべき参加のために学習するのではなく、参加することの中で学習はなされるのだという。そのうえで、ビースタは既存の社会への適応を促す「社会化」としての教育だけでなく、既存の社会を組み換える政治的な「主体化」に向けた教育のあり方を提起している。

　以上のように、「参加」は学習の一形態や方法にとどまるものではなく、学習の条件をなすものとして捉えられてきた。自らの知や経験を再構成することと、自らを規定している社会の構造や他者との関係を組み換えることは相互に結びついている。「参加型学習」は、社会に埋め込まれた存在であることから逃れられない私たちが、そうした社会に絡め取られるのではなく、社会との関係を自由に編み直すことに向けたひとつの実践的試みだということができるだろう。

（田中智輝）

〔参考文献〕
・ガート・ビースタ（2014）『民主主義を学習する：教育・生涯学習・シティズンシップ』勁草書房。
・ジョン・デューイ（1957）『学校と社会』岩波書店。
・パウロ・フレイレ（2011）『被抑圧者の教育学——新訳』亜紀書房。

KEYWORD ⑤

合教科

　2020年度に向けて実施が検討されている大学入試改革。現行の大学入試センター試験が「大学入学希望者学力評価テスト（仮称）」へと移行される際に「合教科・科目型」「総合型」の出題が導入される見込みであることに、注目が集まっている。しかし、学校教育の歴史に目を向けてみれば、こうした変革は珍しくはない。実は合（教）科は、近代日本においてはよくみられる教育改革のひとつであると言える。

●合教科の議論の中で生まれた国語科

　著名な例としては、1900年の小学校令施行規則によって成立した「国語科」がある。従来の読書・作文・習字を国語科として統合し、それぞれ読み方・綴り方・書き方として教科内に位置づけたものである。国語科の成立によって児童の負担軽減を図る措置であったが、同時に近代国民国家としての日本の言語である「国語」を学校教育によって成立させた点でも重要であった。

●大正時代の合科教授・合科学習

　次に、大正自由教育（新教育）運動の文脈で、1910年代から20年代に一部の私立学校や師範学校附属小学校などで取り組まれた「合科教

授（合科学習）」がある。合科学習は、児童生徒の生活経験や興味から教育内容が乖離しないようにしつつ、相互学習などの言語活動を取り入れ、児童生徒の主体性を活かして効果的に学習することを目指したものであった。

●国民学校令下での教科の統合

　この自由教育での実践は、1930年代から40年代にかけての教育審議会での議論に影響し、国民学校での合科に寄与した。国民学校令下では、それまでの各教科が国民科・理数科・体錬科・芸能科・実業科に統合された。自由教育運動で培われた教育方法が採用され、主体的で自発的な知識の獲得が目指されたといえる。戦後の教育では、それまでの地理・国史・修身などの教科が統合され、社会についての科学的で合理的な認識を身につけ、民主的な社会の発展に寄与できる人を育成することが目的とされた。さらに、1989年の学習指導要領改訂において、小学校第1学年、第2学年での理科・社会科が生活科として統合された。

　戦前期から戦後、現在に至るまでの教科と目的は大きく異なるものの、児童生徒が主体的自主的に知識を身につけ、活かすことができるための教育としては共通するものがある。また、合(教)科は、学校教育による新しい社会や世界の認識の枠組みを提示する役割も果たしている。学校によって身につける言語を「国語」と捉える見方に始まり、実際に生活している環境を学校での教科教育によって枠づけることは重要視すべき点である。

●今、改めて注目される「合教科」

　中央教育審議会が答申に記述している通り、「今の子供たちやこれから生まれてくる子供たちが、十分な知識と技能を身に付け、十分な思考力・判断力・表現力を磨き、主体性を持って多様な人々と協働することを通して、喜びと糧を得ていくことができるようにすること。」を目標とし、未来を見据えてこれからの教育を構想するとしている高大接続改革の文脈で用いられている「合教科・科目型」、「総合型」の試験を考えてみても、単純な方法や組合せの問題として捉えるのではなく、そうした試験に合わせた教育によってこれから実現していく社会と、その社会を担う人たちの認識の仕方までも視野に入れる必要がある。

（堤ひろゆき）

〔参考文献〕
・中央教育審議会「新しい時代にふさわしい高大接続の実現に向けた高等学校教育、大学教育、大学入学者選抜の一体的改革について（答申）」2014年12月。
　http://www.mext.go.jp/b_menu/shingi/chukyo/chukyo0/toushin/__icsFiles/afieldfile/2015/01/14/1354191.pdf（2016年8月30日取得）

KEYWORD ⑥

チーム学校

　「教師がより高度な専門性を習得し、それを発揮できる職場環境をいかに整備するか？」。この問いから生まれたのが、「チーム学校」という構想である。

　2014年7月、文科大臣の諮問で「これからの学校教育を担う教職員やチームとしての学校のあり方について」検討することが中央教育審議会に依頼された。「学校教育の成否は、教員の資質能力に負うところが大きく、これからの時代に求められる学校教育を実現するためには、教員の資質能力の向上とともに、教員が専門性を発揮できる環境を整備することが求められて」いる一方で、「我が国の教員をめぐるさまざまな課題が明らか」になっているというのがその理由である。

●**チーム学校構想の背景**

　この諮問の背景にあるのが、2013年のOECDの国際教員指導環境調査（TALIS）の結果だ。34の国と地域の中学校および中等教育学校前期課程の教師を対象に実施されたこの調査によれば、日本には「資格を持つ教員や有能な教員の不足」（38％）、「特別な支援を要する生徒への指導能力を持つ教員の不足」（48％）、「支援職員の不足」（47％）を感じている教師が国際的にみて高かった。一方で、直近の通常の1週間

で仕事に従事した時間を尋ねた項目では、日本の教員は平均53.9時間と回答し、参加国平均の38.3時間を大きく上回るとともに、次に長い業務時間を回答したカナダのアルバータ州の48.2時間という回答をも引き離す結果となった。中でも、「一般的事務業務に使った時間」と「課外活動の指導に使った時間」がそれぞれ5.5時間（参加国平均は2.9時間）と7.7時間（参加国平均は2.1時間）と、高かった。この結果から、日本の教員は必ずしも現代において子どもを育て教育するうえで必要となる特別な資格や専門性を習得できているとはいえないうえに、非常に幅広く膨大な仕事量をこなさなければならない状態にあることが見て取れる。この調査結果を受けて、諮問がなされ、その約１年後の2015年12月に答申が発表されたのである。

●チーム学校に伴う主な改革

　「チーム学校」は、この現代の日本の教師の課題に対して、教師と教師以外の者がそれぞれの専門性を十分に発揮する組織体として学校を機能させることで対応しようという構想であり、主に以下の２点の改革が想定されている。

1）学校への専門スタッフの配置
　養護教諭、栄養教諭、スクールカウンセラー、スクールソーシャルワーカー、看護師、学校司書、部活動指導員（仮称）等、教師とは別の専門性を生かして子どもたちの成長を促す職員の配置を充実させる。具体的には、教師を学習指導や生徒指導、進路指導等に専念できるよう、カウンセリング、部活動指導、外国語指導、地域との連携、保護者対

応、学校図書館業務、ICT活用業務等を部分的に他の専門スタッフに委ねたり連携したりする。

2) チーム体制の構築
　各種の専門性を有する教職員の役割を吟味するとともに、目的を共有しながらチームとして連携・分担することができるよう、校長がリーダーシップを発揮しながら、学校のマネジメント機能の強化を図る。マネジメント能力向上のためには、研修を拡充するほか、主幹教諭等の配置を促進し、ミドルマネジメントの経験を積んだ教員を学校内でも育てる。

　こうした「チーム学校」の取組からは、①教師の負担軽減、それに伴う②研修等への参加可能性の拡大による教師の専門性の高度化、③子どもたちが多様な大人と接する機会の拡充が期待される。ただし、予算確保のための現実的な課題が山積していることも否定できない。予算が十分に確保できない場合、①教師以外の専門家に対して「チーム」の一員として働くだけの給与を支払えない可能性や、②研修参加のための予算の不足により、マネジメント能力の低いまま、校長により多くの決定権を委ねることになる可能性があり、今後の進行に注意する必要がある。

（山辺恵理子）

〔参考文献〕
・TALIS日本版報告書「2013年調査結果の要約」。
　http://www.nier.go.jp/kenkyukikaku/talis/imgs/talis2013_summary.pdf（2016年8月10日取得）

KEYWORD ⑦

カリキュラム・マネジメント

　カリキュラムとは、設定された教育の目的・目標に基づいて教育内容を選択し、課程として編成し、評価するという一連の教育計画である。
　カリキュラムの編成主体は各学校とされており、その上で教師が授業を構成する。カリキュラムは計画や時間割などに表れる「顕在的なカリキュラム」と、暗黙のうちに伝達される「潜在的カリキュラム（ヒドゥン・カリキュラム）」との側面を持ち、また、その次元も教育基本法や学校教育法、同施行規則、学習指導要領などにより公的に示される次元、各学校や教師によって解釈・編成される次元、生徒が実際に獲得する次元に分けて考えられる。

●カリキュラム・マネジメントのポイント
　教育課程企画特別部会によれば、カリキュラム・マネジメントは以下３つの側面から捉えられるとされている。

①各教科等の教育内容を相互の関係で捉え、学校の教育目標を踏まえた教科横断的な視点で、その目標の達成に必要な教育の内容を組織的に配列していくこと。
②教育内容の質の向上に向けて、子供たちの姿や地域の現状等に関する

調査や各種データ等に基づき、教育課程を編成し、実施し、評価して改善を図る一連のPDCAサイクルを確立すること。
③教育内容と、教育活動に必要な人的・物的資源等を、地域等の外部の資源も含めて活用しながら効果的に組み合わせること。

●学びの経験の道筋を提示するカリキュラム

　上記はあくまで公的な次元、各学校や教師による解釈の次元からの整理であるが、カリキュラムとは生徒が獲得するものであるという理解を前提として見据える必要がある。カリキュラムの概念は、「教師が組織し子どもたちが体験している学びの経験（履歴）」（佐藤学）として捉えられるためであり、教育課程編成の主体である学校や教師の次元のみでは不十分である。

　個々の生徒の「学びの経験（履歴）」を直接コントロールすることは困難であるが、カリキュラム・マネジメントによって、元々それぞれの「学びの経験」を有している生徒がこれからさらに積んでいく「学びの経験」の道筋を提示し実践することが求められているといえる。そのために、教科横断、PDCAサイクルの確立、学校外部の活用という方策が示されている。これは、教科間の縦割りや学校の中と外といった無意識的にでも存在している壁を意識的に乗り越えることで、学校教育が生徒の経験にとって分断され、閉じたものにならないようにするための工夫であるといえる。

　生徒は学校を卒業すると生徒ではなくなり、その後に過ごす人生の方が長いことは言うまでもない。学校教育以後の生活を「学びの経験（履

歴）」としてそれぞれの個人が編成していくために、学校教育の持つ意味は大きい。そのために、生徒の卒業後を見据えた目的・目標の設定から、学校や生徒をとりまく状況を的確に把握し、必要なものであれば取り入れて行くこと。目的・目標の達成に至るための授業や指導法の選定、計画を編成し、柔軟に評価・改善していくことが、カリキュラム・マネジメントとして求められるものであるということができよう。

(堤ひろゆき)

〔参考文献〕
・教育課程企画特別部会「論点整理」2015年8月。
　http://www.mext.go.jp/component/b_menu/shingi/toushin/__icsFiles/afieldfile/2015/12/11/1361110.pdf（2016年8月30日取得）
・佐藤学（1996）『カリキュラムの批評』世織書房。

KEYWORD ⑧

経験学習

　「一般的に、学習者は自分が行うことしか学ぶことはできない」。カリキュラム開発論で著名なアメリカの教育者、ラルフ・W・タイラーが1949年に書いた文章である。

　この言葉に示されるように、ひとは自分が経験したことから学ぶ部分が大きい。経験が伴わないまま知識を教えられても実感に結びつかず、習得した知識を他の文脈や場面に応用できない場合が少なくない。そこで、教師が子どもたちの経験をもとにした学び、すなわち「経験学習」を促す授業やカリキュラムを開発することが重要となる。

●経験学習を深めるためのポイント

　一方で、「活動」や「体験」さえ伴えば授業やカリキュラムが豊かになるだろうと考えるのはあまりに安易だということも、よく言われている。では、どのような形で経験を取り入れると、より深い学びにつながりやすくなるのだろうか。

1)目的を明確化する

　まず留意しなければならないことは、再度タイラーの言葉を借りるならば、「設定された目的を達成するための教育プログラムを計画するた

めには、どのような教育的な経験を与えるかという問いに向き合わなければならない」ということである。つまり、単に経験をさせるのではなく、どのような教育目標や狙いをもって、どのような経験の機会を用意するのか、「目的」と「方法」の整合性を熟慮する必要があるという。

　もちろん、目的や、経験の結果として生じる変化や成果が定かではない「遊び」の経験も、人間の成長や学びにとって大きな意味がある。また、活動が楽しいと感じられることは、学びへのモチベーションを高めるうえでも重要である。しかし、学校や授業で行う以上、教師はその活動の目的を明確に説明できなければならない。そして、本当に活動を通してその目的が達成されたかどうか、後に授業設計やカリキュラムを点検していくことが求められる。

2)経験学習を促す姿勢を養う場をつくる
　組織の中で働く人がどのように学びを得ているのかを経験学習の観点から研究する松尾睦によれば、下記の要因が経験から学習する能力と関係しているという：
・自分の能力に対する自信（楽観性、自尊心）
・学習機会を追い求める姿勢（好奇心）
・挑戦する姿勢（リスクテイキング）
・柔軟性（批判にオープン、フィードバックの活用）
　安心・安全を感じられる関係性の中で、生徒たちが自信をもって意見を言い合ったり好奇心のままに探究したり課題に挑戦したりすることができるよう、学習環境を整えることもまた大切だと言える。

なお、経験学習は、学校の中だけで引き起こされるべきものではなく、生涯を通じて行うことが望ましい。生徒たちが学校を卒業した後も経験から学びを得ていくことができるようにするためにも、2）で挙げた姿勢を養うことを目的にした教育活動を授業やカリキュラムの中に取り入れることができたら理想的である。アメリカの教育学者ジョン・デューイが言うように、「養い得る最も重要なものは、学び続けようする欲求である」。

（山辺恵理子）

〔参考文献〕
・Tyler, R. W. (1949). Basic Principles of Curriculum and Instruction. Chicago: The University of Chicago Press.
・松尾睦（2006）『経験からの学習：プロフェッショナルへの成長プロセス』同文舘出版。
・ジョン・デューイ（1938）『経験と教育』講談社。

KEYWORD ⑨

リフレクション

　何かしらの学習活動のあとに「ふり返り」のための時間が確保されることは少なくない。この「ふり返り」という言葉とほぼ同義として使われることが多いのが、「リフレクション」という用語である。ただし、「ふり返り」という名の下で学習内容の復習や習熟度の確認、反省点の整理を行うケースがしばしば見受けられる一方で、そうした活動は「リフレクション」の定義には入りにくいことから、ここでは改めて「リフレクション」という用語の意味を解説したい。

●**リフレクションとは意味づけを行うこと**
　端的に言えば、リフレクションとは、何かしらの経験や知識について学習者が自ら意味づけを行うことを意味する。まず、フランスの思想家ドゥニ・ディドロは、18世紀に以下のように語っている。

> 知識を獲得するための主要な手段には、3つある。（…）自然を観察すること、リフレクションすること、そして実験することだ。観察を通じて、事実を収集する；リフレクションを通じて、それらを組み合わせる；実験を通じて、その組み合わせの結果を検証する。

すなわち、物事を「観察」し、そこで得た知識を「リフレクション」を通して仮説へと高め、その仮説をもとに「実験」を行うことで、ひとは主体的に学びを紡ぎ、経験知を蓄積することができるのである。さらに、実験した結果をまた観察することで、この３つのステップからなる学びのプロセスは延々と繰り返され得る。経験学習におけるリフレクションの意義について研究するデイビッド・コルブは、ディドロの３つのステップに「具体的な経験」を追加したうえで、合計４つになったステップを繰り返し続ける経験学習モデルを提示した。すなわち、ひとは「具体的な経験」をもとに「リフレクティブな観察」を行い、「抽象的な概念をつくりあげる」。その概念をもとに、何かしらの機会に「実験」を行う。この実験が新たな「具体的な経験」となり、さらなる「リフレクティブな観察」を促す、という循環モデルである。こうしたリフレクションを含む学びのプロセスは、誰かが体系立てて教えてくれた知識をそのまま吸収する学習とは異なる、より自発的で主体的な学びを可能にする。

●リフレクションと反省の違い
　リフレクションという言葉は、「ふり返り」の他に、「自省」「内省」「反省」などと翻訳されることも多い。いずれも文脈によっては適切である場合もあるものの、「一人で自分自身のことを熟考すること」、「悪事や失敗を悔いること」「過去の出来事に焦点を当てて考えること」などのイメージが伴って誤解を招きやすいという懸念もある。
　というのも、近年ではより効果的なリフレクションの方法論に関する

研究が進み、教師教育学研究を手がけるフレット・コルトハーヘンらにより、指導者やクラスメートをはじめとする他者を巻き込んで複数の視点を取り入れやすくしようという、共同的なリフレクションのあり方およびリフレクションを支援する方法が探究されている。さらには、①反省点や欠点ではなく、成功体験や長所を見つめ直しながらそれをさらに伸ばしていくことを目指すリフレクションや、②過去ではなく未来を志向するリフレクションのあり方に注目が集まっている。

　例えば、「自分は何者なのか」「自分は何を目指しているのか」「自分の最大の強みは何か」といった自己に関する問いを、今までの経験や事実に基づいてリフレクションをする経験は、学習者が自分の存在や人生、そしてこれからの生き方をも意味づけしていくことにつながる。生徒が自分自身のことを俯瞰的に見つめ、人生の舵取りをできるようになるためには、いわゆる授業内容や学校での活動についての「ふり返り」だけでなく、「リフレクション」の機会を増やすことが有効だろう。

（山辺恵理子）

〔参考文献〕
・ドゥニ・ディドロ（1753）『自然の解釈に関する思索』創元社。
・Kolb, D. A. (1984). Experiential Learning: Experience as the Source of Learning and Development. New Jersey: FT Press.
・Korthagen, F. A. J., Kim, Y, M., & Greene, W. L. (2012). Teaching and Learning form Within: A Core Reflection Approach to Quality and Inspiration in Education. New York: Routledge.

KEYWORD ⑩

パフォーマンス評価

　アクティブ・ラーニングという、新たな教育手法・学習方法が取り入れられていく過程において、さまざまな課題が現れている。東京大学と日本教育研究イノベーションセンターの共同調査研究では、そのような課題を解明する作業も行っており、「生徒の学習活動を客観的に評価する」ことに対する戸惑いや不安、混乱を訴える意見が、現場の教員から出ていることがわかった（木村充、山辺恵理子、中原淳、2015）。このような新たな教育方法を通じて育成される学力を、どのように評価するのかという問いは研究者や現場の教員によって、「パフォーマンス評価」という課題として認識され、研究が進められ、研究を踏まえた教育的実践が行われている。

●生徒の学力を測るための課題と評価

　アクティブ・ラーニングを通じて育成される生徒の学力を、測定し評価するためには、従来型の筆記テストは不適切、もしくは不十分な手法であることは予想できる。そのため、生徒の学力を可視化する方法を考える必要があるが、その手法として、パフォーマンス課題を設定することがある。具体的には、とある場面設定において、個人がさまざまな知識や技能を用いて、解決、あるいは遂行すること（パフォーマンス）を

求める課題のことである。これまでも、図工や体育等の実技科目では、パフォーマンス課題が与えられてきた。これ以外の科目で、アクティブ・ラーニングが採用されるときに求められるパフォーマンスには、作品（エッセイやレポート等）や実演（発表、ディベート、ディスカッション、実験等）が挙げられる。

　上記のような生徒のパフォーマンスに評価を与えるプロセスを、パフォーマンス評価という。パフォーマンス評価において、しばしば問題となるのが、どのような評価方法や評価軸があるのか、ということである。パフォーマンスの性質にもよるが、100％客観的な評価を行うことは、困難であることが多い。そして評価者の独断的判断や恣意性が入り込む恐れもある。このような問題を解決するべく、生徒のパフォーマンスを評価するための基準を作成する方法である、ルーブリック（rubric）という手法が考えられてきた。

　ルーブリックとは、さまざまな学術研究上の定義はあるが、簡潔に説明すると、「パフォーマンスの質を段階的に評価するための評価基準表」である（松下、2007、23頁）。非常に単純化したかたちで説明すると、例えば、水泳の授業の評価方法を挙げてみよう。パフォーマンス課題を「25mのコースを、クロールで泳ぐこと」とし、25mを完泳できたら優、半分の距離である12.5m以上泳げたら可、それ以下の距離であれば不可とする評価基準表を作成し、公開するのである。

　このような手法のメリットは、生徒と先生の両方にある。生徒にとっては、具体的な評価の基準を細かく作成されることで、得られる評価の背景が自分で分かる。先生のほうでも、客観的評価基準によって、生徒の評価をしやすいし、授業計画を立てやすくなる。ただし、パフォーマ

ンス評価のデメリットもある。それは、課題の開発、実施、採点に時間と労力がかかること、課題数が限られがちであることである。また、採点者の主観が入りやすい評価方法でもあるので、評価者によって評価が揺れる可能性もあることだ。このようなデメリットを少しでも小さくするためには、少なくとも独断や恣意性を排除する工夫が必要となってくる。

（市川紘子）

〔参考文献〕
・木村充・山辺恵理子・中原淳（2015）「東京大学−日本教育研究イノベーションセンター共同調査研究　高等学校におけるアクティブラーニングの視点に立った参加型授業に関する実態調査：第一次報告書」http://manabilab.jp/wp/wp-content/uploads/2015/12/1streport.pdf（2016年8月30日取得）
・西岡加名恵・石井英真・田中耕治編（2015）『新しい教育評価入門：人を育てる評価のために』有斐閣。
・松下佳代（2007）『パフォーマンス評価：子どもの思考と表現を評価する』日本標準ブックレットNo.7。

●編著者

中原 淳（なかはら・じゅん）

東京大学 大学総合教育研究センター 准教授／大阪大学博士（人間科学）

1975年、北海道旭川市生まれ。東京大学教育学部卒業、大阪大学大学院人間科学研究科、メディア教育開発センター（現・放送大学）、米国・マサチューセッツ工科大学客員研究員等を経て、2006年より現職。07年より東京大学大学院学際情報学府を兼任。「大人の学びを科学する」をテーマに、企業・組織における人々の学習・コミュニケーション・リーダーシップについて研究している。近年は、高校・大学などの教育機関から企業へのトランジションも研究の視野に入れている。専門は人的資源開発論・経営学習論。
Blog：
NAKAHARA-LAB.NET（http://www.nakahara-lab.net/）

一般財団法人 日本教育研究イノベーションセンター（JCERI）

2014年2月に設立された河合塾グループの研究開発機関。人々が生涯を通じて学び続けることを支援することを目的に、革新的な精神を持って、教育に関する調査・研究・開発を行っている。
事務局（学校法人河合塾 教育イノベーション本部 教育研究部内）：03-6811-5569
http://jceri.kawaijuku.jp/

●執筆者一覧（執筆順）

1　**下町　壽男**　岩手県立花巻北高等学校 校長

2　**木村　充**　東京大学 大学総合教育研究センター 特任研究員

3　**成田　秀夫**　学校法人河合塾 教育イノベーション本部 開発研究職

　赤塚　和繁　学校法人河合塾　教育イノベーション本部　教育研究部

4　**三浦　隆志**　岡山県立林野高等学校 校長

　岸田　正幸　和歌山県立桐蔭中学校・桐蔭高等学校 校長

　香山　真一　岡山県立和気閑谷高等学校 校長

　赤間　幸人　北海道教育庁日高教育局 局長

　静岡県総合教育センター 総合支援課高校班

5　**田中　智輝**　東京大学 大学総合教育センター 特任研究員

　堤　ひろゆき　上武大学　助教

　市川　紘子　東京大学 大学総合教育研究センター 特任研究員

　山辺　恵理子　東京大学 大学総合教育研究センター 特任研究員

「マナビラボ」について

ワクワクする学びを明日の教室に！
ひとはもともとアクティブ・ラーナー

東京大学 大学総合教育研究センター 中原淳研究室と日本教育研究イノベーションセンターは、日本全国の高校で授業をなさっている先生方が、その授業をさらに「インタラクティブ」に、さらに「知的にワクワク」したものにするお手伝いをさせていただきたいと願い、Webサイト「マナビラボ」を立ち上げました。

高校の先生方はもちろんのこと、いま高校で学んでいる高校生、そして高校の授業に関心をもつ多くの人々にご覧いただければ幸いです。

高校のアクティブ・ラーニングについては
「マナビラボ」で検索！

アクティブ・ラーナーを育てる高校
―アクティブ・ラーニングの実態と最新実践事例―

2016年12月20日　初版発行
2017年1月5日　第2刷発行

編著者　中原 淳
　　　　日本教育研究イノベーションセンター（JCERI）

発行人　安部英行
発行所　学事出版株式会社

　　　　〒101－0021
　　　　東京都千代田区外神田2－2－3
　　　　☎03－3255－5471
　　　　HPアドレス　http://www.gakuji.co.jp

編集担当　二井 豪
デザイン　三宅 由莉
イラスト　加納 徳博
編集協力　上田 宙（烏有書林）
印刷・製本　研友社印刷株式会社

©Nakahara Jun,JCERI, 2016
Printed in Japan
落丁・乱丁本はお取替えします。
ISBN 978-4-7619-2307-5　C3037